郵便はかき

POST CARD

伊藤野枝の手紙

伊藤 野枝 著
大杉 豊 編・解説

土曜社刊

伊藤野枝

〈いとう・のえ〉

1895（明治28）年，福岡県今宿村（現・福岡市）に生まれる。上野高女卒業後，親の決めた結婚を嫌って，婚家から出奔。上京し，女学校の恩師・辻潤の許に飛び込んで同棲。『青鞜』の編集を担い，女性解放への論陣を張る。辻と離別後，大杉栄と結ばれ，神近市子との三角関係から葉山・日蔭茶屋事件が起こる。大杉の目指す社会変革の運動を支援し，女性の社会主義団体・赤瀾会では顧問として活動した。この間，辻との間に二人，大杉との間に五人の子を出産。また，創作，評論，翻訳などの著作を数多く発表した。1923年，関東大震災の混乱のなか，東京憲兵隊の甘粕大尉らに拘引され，大杉栄と六歳の甥・橘宗一とともに虐殺された。28歳だった。

目次

凡例

一、本書には、伊藤野枝の書簡を、『定本伊藤野枝全集』（學藝書林、二〇〇〇年）を底本とし、ほかに全集未収録の三通、また引用などの形で著作にあらわれた手紙（私信）を合わせて収録した。引用した著作のうち、大杉栄、平塚らいてうの作品は、それぞれ『大杉栄全集』第十二巻（現代思潮社、一九六四年）、『平塚らいてう著作集』2（大月書店、一九八三年）を底本とした。

二、手紙にはすべて見出しを付け、Ⅰ、Ⅱとも発信日付順に収載した。

三、読みやすくするため、本文を現代かなづかい、現代表記に改め、一部の漢字をかな書きにした。なお一部の文字や日付を原資料によって訂正した。Ⅱの書簡文中、一部の長い段落に適宜、改行を入れた。

四、……は前略など記述の省略を表す。伊藤野枝以外の手紙の引用は《　》をつけて記載した。

五、手紙と著作について、必要に応じて解説、補注、語句注を加えた。また［　］内は底本の注、〔　〕内は編者による注である。

六、付録として、伊藤野枝の全集、単行本未収録作一篇と編者による「余話」および年譜を付した。

Ⅰ　残された手紙

伊藤野枝の手紙として読むことができるのは、多く『大杉栄全集』第四巻（一九二六年）に収録されたもので、ほかに当時の雑誌や書籍に掲載された手紙と、知人や身内に宛てて残された現物がある。時期的には、ほとんどが辻潤と離別して、大杉栄と「恋の往復」を交わす以降である。

しかし、それ以前の『青鞜』時代に発信した手紙が、著作の中に引用されるなどして残されており、後半に「Ⅱ　著作中の手紙」として収録した。よって以前からの生活史を辿るには、Ⅱから読み始めるのがよいだろう。少女期の事情に始まり、やがて辻潤へ行き、大杉に至る過程が、手紙の言葉で語られている。

この章は、『青鞜』の編集を担ってから、大杉と結ばれ、社会運動に奮闘、死の前日の手紙へと続く。後半生の全書簡である。

『青鞜』から「恋の往復」へ

一九一四（大正三）年十一月、伊藤野枝は平塚らいてうから『青鞜』を譲り受け、翌年の新年号から編集兼発行人になった。初めの四通は、この時期の発信。次いで、大杉との恋まっただ中のラブレター十七通。本書の中心ともいえる一連である。

『へちまの花』をありがとう　『へちまの花』宛　同誌十五号（一九一五年四月一日）

この間は『へちまの花』をありがとうございました。随分前から一度伺いたいと思いながらやはり自分の忙しさから先にのがれたいものですから、つい失礼しております。それにお宅の方はちょっと用事のついでにというような方角ではないものですから、ますます伺えないのです。……四月から私のつまらない雑誌もお目にかけたいと思います。

貧乏の歌がにぎやかです　『へちまの花』宛　同誌十六号（一九一五年五月一日）

貧乏の歌がたいへんにぎやかでございます。こう賑やかでは、一向貧乏も心細くはないような気がし出します。けれども皆が貧乏よばわりをしながら内々お金でもためる算段をしているのじゃないかと思いますとおかしくなります。まあこうなっては貧乏よばわりも一種の流行になって来たものとしか見られませんね。「よばわり」するだけ余裕のある貧乏ならまだまだ楽なものと云わなければならないでしょう。おかみさんに金の指輪をかってやりながら不景気を云いたてる人の多い世の中でございますからね。つまらないことを中しあげました。失礼。

注　『へちまの花』（売文社）の消息欄「一言一語」に掲載された通信。二通とも全集に収録されていない。

十五号掲載のは、『青鞜』編集部に『へちまの花』が交換誌として送られたのに対する礼状であろう。編集部は、二月に小石川区指ヶ谷に転居した野枝の家なので、確かに、当時永田町（溜池停留場側）にあった売文社とは「ちょっと用事のついで」という方角ではない。

十六号掲載の通信がいう「貧乏の歌」は、十三号から設けた安成《やすなり》二郎選「生活の歌」欄への投稿歌のこと。安成の見本歌に影響されたか、貧乏の歌が多い。十五号の例では、山口孤剣の「煙草は友、酒は恋人、しかはあれど、銭がなくては会えぬかなしさ」など。が、野枝は自らの貧窮のほかに、余裕のある「貧乏」を詠ったのがあるのを見て、貧乏歌の「流行」と、軽口を叩いている。

『へちまの花』は十四年一月、社会主義運動の先駆者、堺利彦が売文社より創刊した月刊誌。運動への大弾圧となった大逆事件後の「冬の時代」、ユーモアと皮肉を発しながら、運動者間の連絡を図ろうとし、「一言一語」はその意図に沿った欄である。投書規定には「投書というよりも通信、消息、批評、悪口、不平、へらず口の類を歓迎」とある。本文より少し大きい活字で、氏名を「伊藤野枝君」などと冒頭に置き、十数人〜二十数人の読者通信を載せている。読者といっても、ほとんどが運動の同志だ。

野枝は『青鞜』一四年十一月号に「多数者の横暴は現今においては常に正義とその位置を変えている。私はまだソシアリストでもないしアナキストでもない。けれどもそれらに対して興味はもっている」(「雑感」)と書いている。その興味が垣間見える二通のはがきである。

どうして見苦しい自分なのか　山田邦子宛[*]　一九一五年七月十一日

お手紙拝見いたしました。おかねもたしかに頂だい致しました。ありがたく御礼申し上げます。この間から、あなたにはお目にかかりに伺うか、それとも手紙でと、いろいろに考えておりましたの。先日の永いお手紙に返事を出しそびれまして、さぞお腹立のことと存じ、そのおわびもあり、それからわざわざお持ち下さいました御歌集についても、まず手紙では申し上げきれませんし、ぜひ伺おうと思っておりましたのに、先にあのようなお手紙をいただきまして、本当に恐縮いたしました。御歌集についてはゆるゆる少しながく書いてみる気がございますので、少し時期はのびますがおゆるしをお願いする気でおりました。何卒あしからずおゆるし下さい。

いつぞやは私の方でもぜひおわびしなければなりません。あんなにとり乱しておりましたので自分ながら困ってしまいました。そうしてあなたに失礼なおもいをいたしまして、私は後で本当に私こそあなたに済まなくて後悔いたしておりました。それだのにあなたから反対にあんなお手紙をいただきまして、すっかりどぎまぎしてしまいました。そのことすぐにお返事を書こうと思い思い、つい日頃の不精のせいで毎日おもいくらしていながら一日一日と遠ざかって、何となくあなたにはすまないすまないと思いながら出しそびれてそのままになってしまいました。けれども決して横着な気があったのではございませんから何卒おゆるし下さいまし。国へは十六、七日頃立つつもりでおりますから、できればその前に一度お伺いしたいと思っておりますが、よくそれもわかりません。何卒あなたにもいゝ、おあつさおいとい下さい。

それからまた九月には記念号を出したいと存じますから、八月十日頃までになるべく永いものを何卒頂かして下さいましな。いつもいつも勝手なお願いをいたしながら感謝のおしるしもできないふがいなさを悲しく存じておりますけれど、今度かえってまいりましたらば、もうすこし仕事に自分をみんなうち込んで少ししっかりしたものにしたいと息込んでいます。それにしてもやはりあなた方のお力にたよらなければ何もできません。何卒いつまでもよろしくお願いいたします。私はあなたがもう少しお近かったらとしみじみ思います。

私は今のところ、本当に友だちといってはないのです。平塚さんも遠くに行って越してしまいましたし、ろくに手紙も来ませんし書きません。あの方は本当に立派な方ですけれど、あの方にいつでも優越感をもたせていなくてはおつき合いのできない方です。私がもちろん、あの方に及ぶはずはありませんけれども、いくらかずつでも、他の者が育ってゆくのをずっと見ていられる方ではないので、私も子供ができてエゴイスティックになったと非難されて遠ざけられております。私のひがみかも知れませんけれど、私はあの方に私の手を引かれて育てられたことは決していつになっても忘れませんし、たった一人の私の近しいたよりになる人と思っていましたのですけれど、そんな風です。私は本当につらいのですけれど、これも自分のゆくべき道ならば仕方がないのです。私は私の尊い先輩だとは思っています。何も代えがたいのですけれど、一度私の仕事として引きうけた雑誌をなげ出してしまうことはできません。百人に代わる一人の大事な友であっても、私は今、私の仕事を投げ出そうとは思いません。私はエゴイストであることは自分でも知っています。

つまらないぐちを思わず書いてしまいました。何卒おゆるし下さい。つい、いつでもあなたのお書きになるものに少なからず動かされる同じ自分を見出しますので、何となくなつかしく、自分ひとりで何だか心やすい方のようにきめていますので、こんなつまらないものを書きました。女はつまらないぐちを云うものといつも云われておりながら、やはり仕ようのないものですね。この頃はいくらかセンチメンタルになっていますので、ついちょっとしたことにもこうしたぐちを云うようになるのです。何卒私のこの下らなさをお笑い下さいまし。私はこんな下らないぐちをさえ云う女なのに、何とかかんとか他人様《ひとさま》に云われるというのは何という皮肉でしょうね。私は自分をかえり見て本当にかなしく情けなくなります。どうしてこうも小さい見苦しい自分なのかと恥ずかしくなります。

本当にお目にかかってゆっくりしみじみお話したいと思いますわ。何卒お気のおむきになった時には、おはがきでも頂かして下さいましな。私も手紙くらいは書きます。沢山書きたいことはありますけれども、これで失礼いたします。本当にあなたのご健康を祈ります。

＊山田邦子――一八九〇～一九四八。歌人、作家。上京して中央新聞記者となり、同社の今井健彦と結婚。一五年から翌年にかけ『青鞜』に小説を四篇寄稿している。「アララギ」歌人となった後、歌誌『明日香』を創刊して主宰。長野県下諏訪町に今井邦子文学館がある。

もっての外のお尋ね　蒲原房枝宛　一九一五年七月頃

お手紙拝見。おたずねのこと、もっての外《ほか》のことにてお返事のかぎりにこれなく候《そうろう》。私にこんなお手紙お書きになるまえに、しかと奥村氏にまでおただしになってのことに候や一応お伺い申上候。もしまた奥村氏に直接おただしになってのはなしならば私の方にても考えるところもこれあり候えども、さなくて清子氏よりのまた聞きにては、聞きちがいということもこれあり候まま、あまりにはやまりたるお手紙と私は存じ申居候。とにかくいま一応奥村氏に直接おただし、相成りたく、私もこの手紙と同時、奥村氏へ手紙さし出し申すべく、只のことにてはこれなく候故、しかとお調べ下さるべく願い上候。私はたとえ口がたてにさけても左様のこと申せし覚えこれなく候故、まるで見当がつき申さず候。もっともあなたのいつぞやのおはがきは、非常に冷嘲の意ほのめきて見え候故、それには少なからず不快にて候故、そのことならば申候。念のため申添候。匆々《そうそう》

注　「明治大正女流名家書簡選集」(『婦人倶楽部』一九二六年十月号付録)に収録された手紙。編者によれば、作家・岩野泡鳴の筆記者である蒲原房枝が、自分の立場が苦しくなったのに憤慨して諸方に発信したそうで、その手紙への返信である。奥村博史(平塚らいてうの夫)と泡鳴の妻・清子とが座談をしたとき、奥村は、辻潤と彼の家に出入りしていた野枝の従妹とが恋愛関係になって、野枝が苦しんだことを噂した際に、岩野夫妻の家に出入りしている房枝を引き合いに出したらしい。その話がもつれて、泡鳴と房枝とが関係があるかのように清子の耳に入り、房枝の立場が苦しくなった、という。

しかし泡鳴と房枝とは、この直後実際に恋愛関係になり、泡鳴は七月にそれを清子に告げ、八月から別居、房枝と同棲している。辻と野枝の従妹との問題が起こったのは五～六月ころだから、この手紙は六～七月ころの発信と推定される。

早くいらして下さいね　大杉栄宛　一九一六（大正五）年四月三十日（一信）

ゆうべ、つくとすぐに手紙を書き出しましたけれど、腰が痛んで気持が悪いので止めました。つきますとすぐに雨が降り出して、風がひどいので外には出られません。真暗な風の強いさびしい晩でした。停車場からここまで歩いてくるうちに、泣きたくなってしまいました。停車場のすぐ前ときいていましたけれども、少し離れています。海の近くです。かなり広い家です。家のまわりはあんまり感じがよくありませんが、そんなに悪くもありません。

私の今いる室《へや》は一番奥の中二階みたいな室です。かけ離れていて、宿屋にいるようないやな気はしませんが、そして大変仕事をするにはいい室ですが、押入れがないので他に移りたいと思っています。四畳半ですから本当にいいのですけれども。今朝は私の気持がすっかりおちついています。汽車の中も随分さびしうございました。千葉からは二人きりになりました。

こうやって手紙を書いていますと、本当に遠くに離れているのだという気がします。あなたは昨日別れるときに、ふり返りもしないで行っておしまいになったのですね。ひどいのね。私はひとりきりになってすっかり悄気《しょげ》ています。早くいらっしゃれませんか。それだと私はどうしたらいいのでしょう。こんなに遠くに離れている事が、そんなに長くできるでしょうか。お仕事の邪魔はしませんから、早くいらして下さいね。
こんな事を書いていますと、また頭が変になって来ますから、もう止します。四時間汽車でがまんをすれば来られるのですもの、本当に来て下さいね。五日も六日も私にこんな気持を続けさせる方は——本当にひどいわ。私はひとりぼっちですからね。この手紙だって今日のうちには着かないと思いますと、いやになってしまいます。

注　千葉県御宿《おんじゅく》の上野屋旅館に滞在した初日の手紙。この日から始まる大杉栄との熱烈な恋の往復書簡第一便で、七月まで続く。

野枝は一週間前に夫・辻潤と別れ、『青鞜』の友人・荒木滋子を頼っていったん神田三崎町の旅館・玉名館に身を落ち着けた。上の子の一《まこと》は辻に預け、生後六ヶ月の流二を抱いて行った。二十九日には、大杉と同志の五十里《いそり》、田戸、滋子も加わって、出立する野枝の送別会を行い、男三人は両国駅まで行って見送った。御宿は大阪毎日新聞への原稿を書き、文筆生活を目指してである。

大杉栄は無政府主義を唱えて社会主義運動の一方に陣を張り、労働運動を主に社会革命を志す運動者。毎月二回、同志の例会を開くとともに、『近代思想』『平民新聞』など機関誌を発行している。しかし、このころ、機関誌刊行を巡って同志との懸隔が生じた上に、次の事情から運動を休止せざるを得ない。

大杉との恋愛に進んだのは、二月、初めて二人だけで逢い引き、日比谷公園でキスを交わしてからのこと。かつて大杉が野枝の訳書『婦人解放の悲劇』を『近代思想』誌上で好評し、野枝が『平民新聞』を支援、大杉が野枝の家を度々訪問、文通するなどの過程を経て、二人の距離は急接近していた。三月には大杉も妻・堀保子と離婚協議をして別居したから、自由の身でもあった。ところが野枝が前年里帰りして不在の間に、フランス文学研究会の受講者であった神近市子とも「戯れの恋」を通わせ、「三角の関係」が生じていた。大杉は野枝と市子に、自由恋愛のためと「お互いに経済上独立すること、同棲しないで別居の生活を送ること、お互いの自由(性的のすらも)を尊重すること」という都合のいい三条件を提示して承諾させていた。

以下に続く「恋の往復」は、このルールを越えて、恋愛を一挙に深め、結びを強めることになる。しかし、新聞や雑誌からはスキャンダラスに報じられ、大杉の運動の同志も離れてゆくなど社会的に孤立させられる事態と、引き替えであった。

この日、大杉も恋文第一信を発し、野枝は前信に続いて第二信を送った。

あなたの御本を読みました　大杉栄宛　一九一六年四月三十日(二信)

ひどい嵐です。ちょっとも外には出られません。本当にさびしい日です。けれど今日は、さっきあなたに手紙を書いた後、大変幸福に暮しました。なぜかあててごらんなさい。云いましょうか。それはね、なお一層深い愛の力を感じたからです。本当に。

こないだあなたに云いましたね、あなたの御本だけは持って出ましたって。今日は朝から夢中になって読みました。そして、これがちょうど三、四回目位です。それでいて、何だか始めて読んだらしい気がします。あなたには前から幾度も書物を頂く度に、何か書きますってお約束ばかりして書きませんでしたわね。私は書きたくってたまらない癖に、どうも不安で書けませんでしたの。それは本当に、あなたのお書きになったものを、普通に読むという輪廓だけしか読んではいなかったのだという事が、今日はじめて分りました。なんという馬鹿な間抜けた奴と笑わないで下さい。

私が無意識の内にあなたに対する私の愛を不自然に押えていた事は、思いがけなく、こんな処にまで影響していたのだと思いましたら、私は急に息もつけないようなあなたの力の圧迫を感じました。けれども、それが私にはどんなに大きな幸福であり喜びであるか分って下さるでしょう。あんなに、あなたのお書きになったものは貪るように読んでいたくせに、本当はちっとも解っていなかったのだなんて思いますと、何だかあなたに合わせる顔もない気がします。けれども、それは本当の事なんですもの。それをとがめはなさらないでしょうね。今は本当に分ったのですもの。そしてまた私には、あなたの愛を得て、本当に分ったという事はどんなに嬉しい事か分りません。これからの道程だって真実たのしく待たれます。

今夜もまたこれから読みます。一つ一つ頭の中にとけて浸み込んでゆくのが分るような気がします。もう二、三日位はこうやっていられそうです。一ぱいにその中に浸っていられそうです。でも、何だか一層会いたくもなって来ます。

本当に来て下さいな、後生ですから。

嵐はだんだんひどくなって来ます。あんな物凄いさびしい音を聞きながら、この広い二階にひとりっきりでいるのは可哀そうでしょう。でも、何も邪魔をされないであなたのお書きになったものを読むのは楽しみです。本当に静かに、おとなしくしていますよ。でも、ちょっとの間だってあなたの事を考えないではいられません。こうやっていますと、いろいろな場合のあなたの顔が一つ一つ浮んで来ます。

保子さんによくしてあげて　大杉栄宛　一九一六年五月一日

今日あなたからお手紙を頂けようとは思えませんでしたのに、本当にうれしうございました。

今頃はあなたは何をしていらっしゃるのでしょう。お午《ひる》の御飯をすまして、また書物にかじりついていました処に、あなたのお手紙が来たのです。また少し会いたいという気持が起って来ました。女中たちが、旦那様はお出《いで》にならないのですかってしきりに聞きますの。今にいらっしゃるよって云いましたら、いつですいつですってうるさいんです。皆が見たがっているんですよ。私も見たいから、早くいらして下さい。

中央公論の方、駄目では困りますね。もっと他の書店に、いつぞやあなたが云っていらした処に「*雑音」をお聞き下さいな。*孤月氏は来ませんか。もし見えたら、文章世界に書く約束で西村［渚山］氏に聞いて頂けないかって、お聞きになってご覧なさいな。駄目でしょうか。

*大阪朝日に出たのですって。叔父や叔母たちが定めてびっくりしている事でしょう。他で何か書きましたかしら。ここには東京朝日しか来ません。何も書きませんのね。

*保子さんが私の事を狐ですって、ありがたい名を頂いたのね。はじめてです、そんな名をもらったのは。私は保子さんには好意を持たない代りに悪意も持ってはいませんから、何を云われても何ともありませんわ。ただ、私のあなたと、保子さんのあなたは違うということだけを思っています。そして保子さんに対するあなたは認めて尊敬しますけれども、私は保子さんがあなたに対する自分をもう少し確かにしてあなたを理解して下されば、私は心から保子さんを尊敬する事ができるだろうと思います。けれども、それが保子さんにできないからと云って、私は保子さんを馬鹿にしたり軽蔑したりするほど、あなたを無理解ではいない事を申しておきます。

何卒保子さんにできるだけよくして上げて下さいという私の言葉を、真すぐに受け入れて下さい。これは、何の感情をもまじえない、私の本当の言葉である事を、あなたは認めて下さるでしょう。そして、私が自身でさえも驚くほどの処までも進み得たという事を、私と一緒にきっとよろこんで下さると信じます。この気持は、しかし多分私とあなた以外の誰にも本当には理解のできない気持ではないでしょうか。

本当に私は、あなたに、この強情な盲目な私をこんな処にまで引っぱって来て頂いた事をなんと感謝(いやな言葉ですけれども)していいか分りません。何だか、私のこれからの道が明るく、はっきり開けて来たように思えます。私の今のたった一つの望み——あなたに会いたいという——それさえ叶えて下されば、私はすぐおちついて気持よく仕事ができそうに思われます。そして、これから書く、私の本当の意味での処女作を、あなたにデジケエトしようと思っています。もう少し書きたいのですけれど、いま婆やが出かけますから、ついでに出してもらうので、これで止めます。本当に早くいらして下さいね。お願いですから。

＊「雑音」——野枝の創作。この年、一月三日〜四月十七日に大阪毎日新聞に連載された。

＊孤月——中村孤月。一八八一年生まれ、文芸評論家。『文章世界』『第三帝国』の文芸時評を担当。孤月を通して『文章世界』の編集をしていた西村渚山に原稿掲載の依頼を、との申し出。

＊大阪朝日に出た——大杉の手紙に、大阪毎日新聞の友人・和気律次郎からはがきで、「野枝さんと同棲したということが、『大阪朝日』に出ていたが、本当だろうか」と訊いてきたと書かれていた。「叔父や叔母たちが」は、大阪居住の代準介・キチ夫妻のこと。

＊保子さん——堀保子。大杉の妻で七、八歳年上。結婚生活十年で、子供はない。明治期、獄中にあ

った大杉を支えた。四谷南伊賀町に居住。二月まで平塚らいてう（一八八六〜一九七一、『青鞜』発刊の推進者）が住んだ家である。

気が狂いそうです　大杉栄宛　一九一六年五月二日

会いたくない人に無理に会わなくてもよろしうございます。何卒ご随意になさいまし。一生会わなくったって、まさか死にもしないでしょうからねえ。そんな人に来て頂かなくても、私一人で結構です。なぜあなたはそんな意地悪なのでしょう。

今ここまで書いて、あなたの第二のお手紙が来ました。宮嶋*さんのハガキと一緒に。会いたい会いたい、という私の気持がなぜそんなにあなたに響かないでしょう。今日は、朝から私は気が狂いそうです。昨日も一日、焦れて焦れて暮しました。蓄音機をかけてみても、三味線をひいてみても、歌ってみても、何の感興もおこっては来ません。だんだんにさびしくなって来るばかりです。煩《うるさ》くなって来るばかりです。あなたの事ばっかりしか考えられません。他の事はとても頭の中にじっとしてはいないのですもの。私だって、あなたがたやすくいらっしゃれない事だって知っているんですけれども、それだからって、だまってはいられないんですもの。それにあなたは、あんな意地悪を云っては私を泣かして、それでいいんですか。

さっき郵便局までゆきましたら、東京と通話ができるんです。うれしいと思ってかけようと思いましたら、他の人が今かけて出るのを待っているんだと云いますので、なかなか駄目らしいのでよしました。明後日の朝かけますからお宅にいらして頂だいな。五分でも十分でも、こんなに離れていてお話ができるんだと思うとうれしいわ。それをたのしみにして、今日とあしたを待ちますわ。

神近*さんは何だかお気の毒な気がしますね。でも、それがあの方のためにいいというのならお気の毒というのは失礼かもしれませんのね。でも、本当にえらいのね。そこまで進んでいらっしゃれば、でも、もう大丈夫でしょうね。あなたと神近さんのためにお喜びを申しあげます。

　さっき、あんまりいやな気持ですから、ウイスキイを買わせて飲んでいるんです。だんだんに変な気持になって来ます。あさってはあなたの声がきけるのね。何を話しましょうね。でも、つまらないわね、声だけでは。ああ、こうやっている時に、あなたがフイと来て下さったらどんなに嬉しいだろうと思いますと、じっとしてはいられません。本当にはやくいらしって下さいね。

　婆やは目が少しわるいので困りますが、他には申分ありません。子供[一流]を大事にしてくれますから。でも、あなたは子供の事を気にして下さるのね。いいおじさんですこと。書いているのが大《たい》ぎになって来ましたからやめます。さよなら。
あなたの手紙は二度とも六銭ずつとられましたよ。でも、うれしいわ、沢山書いて頂けて。

＊宮嶋さん——宮嶋資夫《すけお》（一八八六〜一九五一）。大杉主宰の第二次『近代思想』発行人。この年、労働文学の先駆となる『坑夫』を出版。神近は妻・麗子《うらこ》の親友で、野枝とも大杉を通じて相知る間柄。

＊神近さん——神近市子（一八八八〜一九八一）。『青鞜』に参加。大杉のフランス文学研究会に出席、恋仲になる。少し前まで東京日日新聞記者で、金銭的に大杉を援助。間もなく葉山・日蔭茶屋で大杉を短刀で刺す事件を起こし、二年服役。戦後、社会党から参議院議員五選。

いま私は幸福です　大杉栄宛　一九一六年五月三日

今日は朝ハガキを書いたっきりでしたね。あなたのお手紙を拝見して、私も大変いい気持になりました。本当にいま私は幸福です。そして、あした電話をかける事を楽しみにして。

今日は午後からはじめてのいい天気でしたので、板場と女中を一人つれて山へ行きました。海が真っ青で、静かで、本当にいい景色でした。しばらく山の上にいて、それからまたゆっくり歩いて帰って来ました。ですけれど、帰る途中からまた体の工合《ぐあい》が変になって、それっきり黙って寝てしまいました。でも、あなたの事を考えるとおちつきを失ってしまいますので困ります。ここの女中たちはヒステリイ患者だと思っているらしいのです。

今日はもう夕飯をすまして眠ろうと思いましたけれど、眠れないので三味線をいじってみましたけれど、面白くも可笑しくもないのでやめて、あなたのお手紙を順々に読んで、何だか物足りなくてこれを書き出したのです。ゆうベウイスキイを飲んだ上にまた日本酒を一本あけましたので、急に体に変調が来たらしいのです。自分ながら気むずかしいのに驚いています。

他に手紙やハガキを書かなければならないところが沢山あるんですけれど、筆をとりさえすればあなたにばっかり書きたくなります。父の処に一昨日から手紙を書きかけて、まだ書けないでいるのです。こうやって、あなたに何か書いている間だけです、じっとしていられますのは。それで、机の前に座りさえすれば書きたくなるのです。こうやってあまり書いてはあなたのお仕事の妨げになるとは知りつつも、書かずにはいられないのです。どうぞ、自分に対してもあなたに対しても、あんまり節制のない事をお怒り下さいますな。

孤月氏が、この間私のことをパッショネエトだって悪く云いましたけれど、私は今度はそんなにパッショネエトではないと自分で思っていましたのに、やはりそうなのですね。

こうしてじっと目をつぶりますと、あなたの熱い息が吹きかかっているように感じます。あしたはあなたのお声が聞けると思いますと、本当にうれしくて胸がドキドキします。女中たちは、毎日々々、旦那さまの事ばかり気にしています。室《へや》がせまいだろうって、しきりと心配してくれますの。私がこんなにもあなたを待ちこがれている事が分るのでしょうね。

静かな夜に潮の遠鳴りが聞こえて来ます。さびしい夜です。あの音が聞こえますと、何だか泣きたくなって来ます。ちょうど、いつかの夜、あなたが――そうそう芝居にいらしたという夜、お訪ねしてお逢いする事ができないで、青山さん*の処で話をして、あの土手から向うを見た時のような、あんな情けない悲しい気がします。考えてみますと、私も本当に意久地《いくじ》がなかったのですね。あんなにも無理な口実を構えてでもあなたに会わなければいられないほどに、あなたを忘れられない癖に、どうしてもハッキリした事が云えないでは、自分も苦しみあなたをも苦しめたのですね。なんという馬鹿な事だったのでしょう。それも、やはり私の意地っぱりですね。自分の処置をきめてしまわないうちは、恐ろしくて、とてもはっきりした口はききかねたのです。でも私は、あの夜訪ねてお留守だった時には、あすこの入口のところで泣きそうになりましたの。青山さんと土手で話しながら市ヶ谷見附まで歩きましたけれど、私は何を話したのか分りませんでしたの。今でも覚えていませんわ。

何しろ、顔を見せて下さるだけでいいのですから、何卒いらして下さい。今から電話をかけに行きます。かけてお留守だと、本当にいやになってしまいますね。何卒いて下さいますように。何を話していいのか分りません。

＊青山さん――まもなく山川均と結婚する山川菊栄（一八九〇～一九八〇）。『青鞜』誌上で野枝と

「売春論争」。大杉のフランス文学研究会や平民講演会に参加。戦後、初の労働省婦人少年局長。

仕事もずんずん進むでしょう　大杉栄宛　一九一六年五月七日（一信）

*停車場を出ると、前の支店でしばらく休んで、それから宿に帰りました。帰ってからも室《へや》にゆくのが何だかいやなので、帳場で話をして、それから室にはいるとすぐあの*新聞を読んで、*中央公論を読んでしまいました。思ったほど何でもなかったので、すっかりつまらなくなって室中を見まわしました。何もかも出かけた時のままになっています。座蒲団が二つ、それからたった今まであなたが着ていらしった浴衣。それを見ていると急にさびしくなりました。

枕を引きよせてもう何も考えまいと思って横になると、五時頃まで眠りました。それから起されてお湯にはいって、子供を寝かして、御飯をすませて、いま煙草を一本のんだところです。それから*菊池さんに手紙を書こうと思ってペンをとりますと、まずやっぱりあなたに書きたいので書き初めたのです。今時分は四谷［堀保子］のお宅にでもいらっしゃるのでしょうね。

あなたが行っておしまいになると、私の気持もさびしく閉じ、天気も曇って風が出てまいりました。潮の遠鳴りが一層聞こえます。でも、大変静かな、落ちついた気持でいられます。この分では仕事もずんずん進むでしょう。

＊停車場――四日に来訪した大杉が、六日、帰京するのを送った。
＊あの新聞――『万朝報』五月三〜六日に連載された「新婦人問題――伊藤野枝子と大杉栄氏」の記事のことか。
＊中央公論――五月号に掲載された中村孤月「伊藤野枝女史を罵る」と西村陽吉「伊藤野枝に与う」の記事であろう。
＊菊池さん――菊池幽芳（一八七〇〜一九四七）。大阪毎日新聞の文芸部長。小説家。

神近さんには相当の尊敬も　大杉栄宛　一九一六年五月七日（二信）

今朝あなたへの手紙を出してしまうとすぐに仕事にかかるつもりでおりましたが、何だかグルーミーな気持になってしまって、机の前に座るのがいやで仕方がありませんので、障子を開けてあすこから麦の穂を眺めながら、あなたの事ばかり考えて、五、六本煙草を吸ってしまうまで立っていました。ひどい風で、海岸から砂が煙のように飛んで来るのが見えるようなのです。

こちらでも、あなたの評判がまた馬鹿にいいんですよ。そんないやな処にいないで、早くいらっしゃい、こちらに。お迎えにゆきましょうね。あなたが私とすぐにいらっしゃるおつもりなら、土曜日の昼頃そちらに着くようにゆきましょう。そして日曜の、あなたの＊フランス語がすんだらすぐに五時のでこちらに来るようにしては如何《いかが》です。それまでには、私の方でも少しはお金の都合はできると思います。そうしましょうね。大阪の新聞の方、神近さんの名をそのままに書きましたよ。社の方で差支えがあれば頭字にでも直すようにしましょう。

保子さんには、もう少し理解ができるようにはお話しになれませんか。私は何を云われてもかまいませんが、もう少しあなたという事をお考えになれないでしょうか。私には、何だかもっとあなたがよくお話しになれば、お分りにならない方ではないような気がします。けれど、あなたは保子さんによくお話しをなさる事を、面倒がっていらっしゃるのではありませんか。もしそうなら、私はできるだけもっと丁寧にあなたがお話しになるようにお願いします。どうでもいいというような態度はお止しになった方がよくはありませんか。もちろん、私はまだあなたにそんなことはお聞きしませんから分りませんけれど、そうでなければそれ以上仕方はありませんが、あなたが神近さんに対して、また私に対して、さしのべて下さったと同じ手を、保子さんにもおのばしになる事を望みます。

私は神近さんに対しては、相当の尊敬も愛も持ち得ると信じます。同じ親しみを保子さんにも持ちたいと思います。保子さんは私に会って下さらないでしょうか。私は何だかしきりに会いたい気がします。あなたの一昨日のお話しのように、触れる処まで触れてみたい気がします。私も保子さんを知りませんし、保子さんも多分よく私というものをご存じではないだろうと思います。触れるところまで触れて、それでも私の真実が分らなければ仕方がありませんけれど、知らないでいるのは少し不満足な気がします。もっとも、保子さんが私に持っていらっしゃるプレジュディス〔偏見、先入観〕はかなり根深いものであるかも知れませんけれども、この私のシンセリティ〔真実〕とそれとが、どちらが力強いものであるかを見たい気も致します。もし保子さんがお許し下さるなら、私は今度お目にかかりたいと思います。

けれどもまた、もしその結果が保子さんに大変な傷を与えるような事になるとすれば、これは考えなければならない事であるかも知れません。けれども、私達の関係は、知らない人同士で認め合うというような、いい加減な事は許されないだろうと思われます。いま会うことはできないとしても、一度はぜひお目に懸らなければなるまいと思います。あなたのお考えは如何《いかが》でございますか。

それからもう一つ気がついた事ですが、経済上の事は、私は、保子さんにとっては一番不安な事ではないかと思います。私は私だけでどうにかなりますから、あなたのご助力はなるべく受けたくないと思います。で、その事もできるだけ本当の事をお話しになって下さい。私は多分一人きりになれば、その方はどうやらやって行ける事と思います。ああいう風に思われている事は、私には大変不快ですから。これも小さな私の意地であるかも知れませんが。私は、どこまでも自分だけの事は自分で処理してゆきます。あんな事を云われて、笑ってすますほどインディファレント〔気にかけない、無関心〕な気持ではいられないのです。あなたはお笑いになるかも知れませんが。

その事は、私がお八重*さんに話をした時に一番に注意された事でもありました。お八重さんはその問題については絶対に何の交渉も持ってはいけないと思うとさえ云いました。お八重さんが私に持った不快の第一は、万朝にあったあの記事によって、すぐに、もう私があなたにその助力を受けたという事を知ったからだと思います。ことに、保子さんの私に対する侮蔑はすべてがそこにあるようにさえ私には思われます。国民の記事にしても、万朝のにしても。今のところ、私にはそれが一番大きな苦痛です。何卒、私がそんな下らない事にこだわっている事を笑わないで下さいまし。私は自分で自分を支える事ができないほどの弱い者でもないつもりです。愈々《いよいよ》する事に窮すれば、私は女工になって働くくらいは何でもない事です。体も丈夫ですし、育ちだって大して上品でもありませんからねえ。まあこれくらいの気持でいれば大丈夫、喰いっぱぐれはなさそうです。何卒そう云って説明して上げて下さいね。

何だかいやな事ばかり書きましたね。御免なさい。もう一週間すれば会えますね。肩がはったなんて云いながら、あなたへの手紙は夢中になって書けるんですね。勝手なのに呆《あき》れます。いま少し嵐が静かになって来ました。いくらでも書けそうですけれども、もうおそいようですから止めましょう。今頃あなたは何をしていらっしゃるのでしょうね。

＊フランス語――大杉が日曜日に行《おこな》っていたフランス文学研究会でのフランス語講習のこと。

＊お八重――野上弥生子（一八八五〜一九八五）。作家。野枝は『青鞜』で知り合い、隣家に住むことになって親しく交際。辻と別れる前に相談に訪れ、御宿行きを伝える。のちに野枝をモデルにした小説「彼女」を発表。七一年、文化勲章。

私は救い出されたのです　大杉栄宛　一九一六年五月九日（一信）

昨日のあらしがひどかったので、別荘の掃除が大変だと云って、おひるから婆やがひまをもらいたいと云いだしましたので、今日は午後からお守りをして暮しました。それでも午前に十枚ばかり書きました。夕方、子供を寝かしてからぼんやりしていますと、急に淋しさがこみ上げて来て、いても立ってもいられないようになりました。

今日の夕方は、ここへ来てからはじめての静かな夕方でした。風がちっともなくて、ひっそりしていましたので、妙に憂鬱になって仕方がありませんので、夜になると支店のおかみさんを呼んで、女中たちと一緒にお酒を飲んで騒いでみましたけれど、少しも酔わないで、だんだん気がめいって、自分ながらどうする事もできないのです。今もう一時近くですが、頭が妙にさえて眠れないので、少し書こうと思いましたけれど、あなたの事ばかりが思われて仕方がないのです。今頃はいい気持に眠っていらっしゃるでしょうね。私がこうやってあなたの事を思っているのも知らないで。憎らしい人！

今朝の手紙、いやな事ばかり書いてすみませんでしたのね。気を悪くなさりはしません

か。余計な、書かなくてもいい事を書いてしまって、なんとも申訳がございません。何卒おゆるし下さいまし。（八日夜）

今日は一緒に勝浦へ行った日を懐《おも》わせるようないいお天気です。昨夜あんまりさえたせいか、今朝はぼんやりした頭で何もできそうにありません。これから少し山の方へでも歩きに行こうかと思っています。

私達のことが福岡日日新聞へも*九州日報へも出たそうですよ。板場の話しでは都〔新聞〕にも出たそうです。大ぶ騒がれますね。何だか、何を聞いてももう痛くも痒くもありませんね。隅から隅まで知れた方がよござんすね、面白くって。

昨日も書きながらそう思いましたの。辻と二人の間こそ少しは自由でもあり、かなり意識的に考える事もできましたけれど、その他の私のこの五年間の生活は、そしてかなりその苦痛に堪え得るという事に誇りを持っていたのですから、本当にいやになってしまいます。自覚どころの騒ぎではなかったんです。まあ本当にどうしてあれでいい気になっていたかと思うのです。あなたは私のそうした暗愚を見せつけられながら、どうして嫌におなりにならなかったのでしょう。

私はそれが不思議で仕方がありません。本当に私はあなたによって救い出されたのです。そして、まだこれからだって一枚々々皮をはいで頂かなくてはなりません。これからは真すぐに歩けそうな気がします。

少し頭がよくなって来ました。また続きを書きます。あなたもお仕事はおできになりますか。今日のようだと本当にいい気持です。土曜日には会えるのですね。それを楽しみにして仕事をします。さよなら。

＊九州日報——五月一日に「伊藤野枝の家出——新しい恋人の許へ」と見出し、辻の母・ミツ（五十五歳）の談話を掲載。「炊事や針仕事は余りしませんでしたけれど、外の事は実によく働いたもので、もし彼が男に生まれていたらどんなにか偉いものになったか知れない……」など。

神近さんと保子さんに対する気持　大杉栄宛　一九一六年五月九日（二信）

今、安成＊さんがお帰りになったところです。私は何もお話も書きもしないつもりでしたけれど、せっかくあなたの紹介でこんな処までいらしったのですから、書くだけはお約束いたしました。けれども、まだ何を書こうというあてもつきませんのです。でも、大変静かに気持よくお話いたしました。

あなたのけんか＊の話を伺いました。どうしてそんな乱暴な事をなさったの。堺さんまでひどい目にお合わせになったのですってね。虫の居所でも悪かったのですか。野依《のより》さんは何を云ったのですか。何だか気になりますわ。私の名も出たんですってね。何だかお目にかかってお聞きしたいような事が沢山ありますわ。

安成さんがお帰りになる時に一緒に行きたいようでしたわ。

それから保子さんのこと昨日の手紙に書きましたが、あれは取消しましょう。今日、安成さんから少しばかりお話を伺いました。私の想像している方とは大ぶ違うようですから。もしそうでしたら、会うだけ無駄だと思いますから。もしあなたの保子さんに対するお考えが本当に委《くわ》しく伺えれば本当にいいと思いますけれど、それも無理には伺いたくありません。

今朝から私はいろいろに考えていましたの。私の神近さんと保子さんに対する本当の心持を知りたいと思いましてね。ですけれど、私はやはりどちらの関係もあなたの生活の一部として是認するだけで、あなたと保子さん、それからあなたと神近さん、あなたと私、という風に切り離しては考えられないのです。要するに私が、神近さんと〟あるいは保子さんとあなたとの間の事について、お互いに理解し合ったり認め合ったりするという事の方を、現在の一番大事な事のように考えていたのは、まだ本当に自分であなたと私との関係がのみ込めなかったからだという風に考えられて来ました。

本当に平凡な理屈ですけれど、神近さんといい保子さんといい私といい〟ただあなたを通じての交渉ですから、あなたに向っての各自の要求がお互いにぶつかりさえしなければ(何だか他に云い方があるような気がしますが)、皆インディファレントでいられる筈だと思います。そうすれば、なお一層よくあなたを理解し合おうとするみんなの努力があれば、そこで初めて完全に手を握る事ができるのだと思います。

そうして今、私と神近さんとは——というよりも、私の神近さんに対する気持は第一段にいるのだと思います。保子さんに対する私の気持は第二段に進みかけているのですが、保子さんはまだ恐らく第一段までも来てはいらっしゃらないように思われます。そこで私の保子さんに持つ心持は、保子さんには無理すぎる事になって来ます。で、今しばらくはインディファレントでいます。あるいはそれ以上に進まないかとも思われます。私としては、神近さんとも保子さんとも、本当に手を握りたいのが望みです。神近さんには会ってよくお話しすればそこまで進めるかと思います。ぜひそうあらねばならぬと思います。そうして始めて私達の関係は自由なのですね。そうしてお互いに進んでゆきたいと思います。

ひとりいて、私はそういう事を考えては、自分の気持が進んでゆくのがはっきり見えるのが、嬉しくてたまりません。この間あなたにお別れしてから、本当に淋しかったり、会いたくなったりして、堪えずあなたの事が忘れられませんけれど、こんな事ばかり考えていますと頭がハッキリして来て、気が晴れ晴れしていい気持になれます。

けれども、私はまだ恐れています。いま私があなたの愛を一番多く持っているという事に、自分の安心があるのではないかという事を。絶えずそう思って注意していますけれど、今のところでは、別にそんな感情は少しも混っていないようですけれど、その反省だけは怠らずに続けています。

今日は朝からまだ一枚も書きません。あなたにお手紙を書いてから、浜でカジメやなんかが一昨日のあらしで波に打ち上げられて来るのを、みんなでとっているのが面白いからというので見に行きました。みな裸で海の中に飛び込んであげているのですよ、女も男も夢中になって。それから帰って、あんまりいいお天気ですから、ひとりで夕影の松の所に行ってみました。そして、帰りに下のお寺に金盞花《きんせんか》が綺麗に咲いていましたので、それを買って来てさしていましたら、安成さんがいらしたのです。三時の汽車でお帰りになりました。そしてこの手紙を書き始めましたの。あの松の木の下ではもっともっと種々な事を沢山考えていたのですけれど、思い出せなくなりました。また思い出した時に書きましょう。

さびしいからお手紙だけは書いて下さいね、毎日。お願いします。では左様なら。

＊安成さん——安成二郎（一八八六～一九七四）。大杉の親しい友人。『近代思想』に生活派の短歌を発表、編集にも参画した。当時は雑誌『女の世界』編集長。のち読売新聞婦人部長。

＊けんか——築地の待合・野澤屋で八人が会食、懇談中、大杉が野依秀一（実業之世界社社長）に手を出して荒れた。原因は、野依が野枝の原稿を断り、大杉との仲を揶揄する言葉を投げたこと。「殴って蹴って」の喧嘩になった。大杉の手紙に「僕のカンシャク玉を破裂さす言葉が野依の口から出た」とある。堺利彦にも飛び火した。

我儘も片意地も解っていて　大杉栄宛　一九一六年五月二十七日

今日私はあなたがおたちになる前に、二、三日前からの私の我儘《わがまま》をお詫びして許して頂こうと思いましたの。それで、幾度も幾度もあなたの処に行くのですけれど、何だか自然であなたに話しかける事がどうしてもできませんでしたの。そうして、とうとうまたあなたの方から口をお切りになりましたのね。そうして、私があなたに向って云おうとする事を、あなたが私に仰ったのですもの、私本当に自分の小さな片意地がいやになって、あなたに申訳がなくて、それで泣きましたの。

自分で、我儘な事も片意地も何もかも皆よく解っていて、そしてつまらない事に拗《す》ねて、気持の悪い思いをする事が、どんなに馬鹿々々しいかという事も知りながら、それでどうしても素直でない自分が忌々しくて仕方がないのです。一昨日から、私は自分のその悪い癖をあなたに話して、もう決してそんなまねをしないようにしようと幾度思ったか分りません。そしてすっかりあなたにお話しする事もできていながら、今度は本当にあなたにお話しようとしますと、前からきめて話す事はいかにも不自然らしくて厭《いや》になってしまうのです。それでつい黙ってしまうのです。そうすると今度は、なお一層いけない私の癖が、また私を怒らすのです。

自分の頭で考えた事をすぐに決して話さないということ。私はそのためにどんなにあなたにいやな思いをさせたかを知っているのです。知りながら、その癖に打ち勝てない自分に反感を起さずにはいられないのです。それを考えますと、私はすぐメランコリイになるのです。それをあなたがご覧になると、あなたもすぐ不快におなりになるし、それが今後は私の方にはまた一層強く来るのです。そうして、だんだんに気持が妙に外れて来るのを見ていますと、私はもうたまらなくなるのです。

　私が、昨日だか一昨日だか、*パウル・ハイゼのラ・ビヤタの話を持ち出しました時、私はあの主人公と女主人公の事をふと思い出して、私があれをどんなに興味をもって読んだかをお話しして、そして私の片意地をお話ししようと思いました。けれども、そう思うと同時に、頭の中ではあなたにお話しようとする事は綺麗に整ってしまいましたけれど、さてそれをそのまま話す事は、もう何だか不自然な気がして、素直に口にする事が嫌になって、そのまま黙ってしまいましたのです。

　そんな風で、昨日山を一人で歩いています時にも、その事ばかり考えていましたの。自分で自分に手のつけようがないのですもの。しばらく私はあの池の岸で考えていました。そうしてしまいには泣きそうになりました。それからまた焦《じ》り焦りして来ましたので、山に登り始めましたの。そして急な道を一足々々用心しいしい登っているうちに、いつかその方に気をとられて、頂上の平らな道に出ました時には、ぼんやりしていましたの。そして少ししゃがんでいるうちに、急にまたあなたの事を思い出して、あなたがまたいやな顔をして本を読んでいらっしゃるのだろうと思いますと、すぐ大急ぎで歩き出しましたの。

そして帰ったら、今度こそ本当にすっかり私のいけない事をお話しなければならないと思って息を切らして帰って来るとすぐに二階へ上ってみましたら、あなたはお留守なのですもの。本当に私、かなしくなってしまいました。それからしばらくしてあなたがお帰りになった時には、もうすっかり先のような無邪気な心持は失《な》くしていました。

今日あなたがお帰りになることは分りきった事ですし、じきお会いできるのも分っていますから、それはなんともなかったのですけれど、この二、三日の私の我儘から、あなたに不快な日を送らせて、それをお詫びしようと思いながら、反対にあなたからお詫びを云われて、まだ自分では何も云えなかった事を考えますと、私は自分にいくら怒っても足りないのです。あなたが俥《くるま》に乗っておしまいになった時、私はまた涙が出そうになりました。

さっき、あなたのお乗りになった汽車の発車するのを聞きながら、小熱いお湯の中にひとりで浸っているうちに、私はすっかり落ちつきました。今も大変静かにしています。今頃はあなたはもう東京の明るい町を歩いていらっしゃるでしょうね。ここはいま私がこうやって書いているペンの音だけしかしません。雨もやんだようです。明日からは仕事ができそうな気がします。

あなたがこちらにいらっしゃる間に神近さんから手紙が来て、あなたがそれを読んでいらっしゃる時、私は本当に淋しくなってしまうのです。ゼラシイじゃないんです。本当にただ淋しいんです。じっと私は、私のまわりを見まわしたくなるんです。そして、だんだんに沈んでしまうのです。それが、いつでも自分ひとりでいる時のように、用心深く自分を見ていないからだという事がよく分ります。うっかり、あなたと一緒にいるといい気になってしまうのです。そうしては、そういう場合になって、自分のその弱味を見る事が、私には口惜しくて仕方がないんです。それでつい黙ってしまうのです。

ひとりでいますと、すべての事が非常にはっきりしますから、すきを持たずにいられます。ですから、あなたが神近さんの傍にいらしても保子さんの処にいらしても、何のさびしさも不安も感じません。本当に、一緒にいますと、離れている事が苦痛ですけど、こうしていますとかえってその方がいいような気がします。できるだけ離れている事にしましょうね。早く仕事をすまして九州へゆきます。そうして、一、二ヶ月後にあなたに会える事を楽しみにして勉強します。

今夜はもう止めます。私は今日お湯にはいってから急に足が痛んで困っています。昨日の疲れだろうと思います。

つまらない手紙を書きましたね。でも、何かしら書いたので少しいい気持になりました。

おやすみなさい。

＊パウル・ハイゼ——ドイツの詩人・作家。一九一〇年にノーベル文学賞。「ラ・ビヤタ」＝「ララ・ビアータ（片意地娘）」は、両親の問題で心に傷を負った娘が何事によらず片意地を張り、若者の愛も拒み続けるのだが、遂には変わってゆく、という短編小説。

禁止になりそうですかしら　安成二郎宛　一九一六年五月二十九日（推定）

○○〔稿料〕ありがたく、たしかに落手いたしました。雑誌*も昨日頂きました。大分頁をとりましたようでございますね。禁止になりそうでございますかしら。どうかそのようなことのないようにしたいものでございますね。それから、原稿*はもう大抵腹案ができております。昨日○○〔野依〕氏の拝見してみる内に、題だけ申しあげておきます。「果して人類の不幸か」というつもりです。大方の非難が私が子供を捨てたということにあるらしいので少しそれについて書いてみようと思っております。もう一週間もしたらここを引き上げて九州の方へ行こうかと思っております。それから子供の世話を頼むような処に伝手《つて》をお持ちになるような話を○○〔大杉〕さんから聞きましたが、もし心当りがございますなら聞いて頂けますまいか。こちらでもなかなか一寸《ちよつと》ありませんので弱っております。

○○〔大杉〕さんが来ていた間なまけましたので、二十日までの約束の大阪*の方がまだできないでいます。いま一生懸命になっている処です。もう二、三日のうちにおしまいにしたいと思っています。それが片づきしだいにすぐあなたの方の原稿にかかります。○○〔野依〕氏はもう*おはいりになりましたか。少々長いようですから随分お辛いでしょう。○○〔社長〕がお留守になってあなたの方もお骨ですね。こちらは毎日曇ったいやな天気です。この頃はどうかするとあの東京の郊外が恋しくなります。海にはもう倦《あ》き倦きしてしまいました。

○○〔雑誌〕をもう一部頂けませんでしょうか。実は送ってやりたい処がありますので、もし頂ければ、きれいな方を送りたいと思いまして。私のいやな写真が出ましたね。あの顔にはほんとうに恐れ入ります。今度東京に出ましたらせいぜい奇麗な顔に写してお送りいたしましょうか。あの顔はもうとりけしにしたいものです。

注　多恵春光著『新しき婦人の手紙』（一九一九年）所収。〔　〕内は推定。

＊雑誌――『女の世界』六月号。大杉を巡る恋愛事件を特集して、五人の原稿を掲載した。安成二郎「大杉君の恋愛事件」、大杉栄「一情婦に与えて女房に対する亭主の心情を語る文」、神近市子「三つの事だけ」、伊藤野枝「申訳丈けに」、野依秀一「野枝サンと大杉君との事件」。野枝が心配したように、三十日、発禁になった。

＊原稿――『女の世界』七月号に宛てた原稿。しかし、発禁が尾を引いて掲載見合わせとなった。

＊大阪の方――大阪毎日新聞に、辻との離別、大杉との恋愛をテーマに執筆する原稿。同紙からの依頼により、御宿滞在はその執筆のためだった。しかし約束に反し、のちに文芸部長の菊池幽芳より称賛の辞を付けて送り返された。『女の世界』が発禁になった影響であろう。野枝の目論見は潰え、やがて大杉のもとに転がりこむことになる。

＊おはいり――野依は、愛国生命恐喝事件で禁固四年を科され、五月二十六日、豊多摩監獄に入獄した。

父からは怒ってきました　大杉栄宛　一九一六年五月三十日

あなたは本当にひどいんですね。あんな余計な処まで抜き書きをしなくったっていいじゃありませんか。本当にひどい。でも、あなたが怒る怒るって云ってらしたほど怒りはしませんけれどね。大好きなあなたがお書きになったのですもものね。

私は、もうすべてがよく解っていましたので、前に頂いた手紙を読み返しているような気持でした。でも、割合に、あれで少し考えのある人には解りそうですね。三人のあれを読んで分らない人は到底救われない人達ですね。私は何よりも、あのあなたのお手紙によって、保子さんがあなたの気持をおたしかめになる事ができるだろうという事を考えています。

神近さんのを拝見して、非常によくあの方の気持が解った事を嬉しく思いました。ただ、あなたと神近さんの最初の事が彼処《あすこ》に書いてありましたのね。あれを読んで、あなたに少し厭《いや》な感じを持ちました。なぜだか分るでしょう？　私は昨日一日その厭な感じを払い退ける事ができないでいました。今はもうそれほどではありません。何でもない事なのですもの。

また嵐にでもなりそうです。国の父からは怒って来ました。子供なんか連れて来てはいけない、一人でも当分来てはいけない、と云って来ました。叔母からも従妹からもまだなんとも云っては来ません。

今頃、何をしておいでになるのでしょうね。さよなら。

お八重さんからの手紙　大杉栄宛　一九一六年五月三十一日

今朝も、あなたからのおたよりを待っていましたのに来ないで、長い長いお八重さんからの手紙が来ました。そして、私の今度の事についてかなりはっきりと意見を述べてくれました。しかし私は、もう到底理解を望む事はできないと断念しかかっています。ひょっとしたら、私の説明が丁寧に詳しかったら、あるいは解るかも知れません。けれども、あの人には、恋愛という事が何であるか解っていないのです。あの人の恋愛観は皆、書物の上のそれです。外《ほか》のいろいろの理屈は分るとしても、その心持が本当に解らない人には説明のしようはないと思います。しかし、私はできるだけ説明してみるつもりではありますけれど。

私の一番親しい友達が、私をどのように見ていたかを、少しお知らせしましょうか。

「あなたの心霊がこの二、三年、無意識にも有意識にもあこがれを感じ、渇きを覚えている強い力――ことに異性の雄々しい圧力――これを提げてあなたに迫るものがあったとしたら、それは必ず大杉氏であった事を要しない。誰でもよかったのではありませんか。これは、あなたの無定見な恋――盲目的な憧憬を意味するのじゃありません。むしろ、それほど必然的な危機があなたの周囲に生じていたという事を示すのです。それほど重大なワナがあなたに投げかけられていたのです。ですから、その強い魅力のある圧力の具体化として大杉氏が現れたとき、どこまでも慎重にならなければならなかったのです。これは逆説のようですけれど、決してそうじゃありませんよ。それが本統に自分の要する力か、自分に適した力か、純粋のものかをじっとじっと凝視する時間を、多く長く持つほどがいいのだったと思います」

本当に、私はあなたでなくてもよかったでしょうか。私はそうは思いません。私が、どんなに長くあなたを拒もうとして苦しんだかを、お八重さんは知らないのです。私は慎重でなかったのでしょうか。慎重ではなかったかも知れませんね。けれども、私達は始めからそのような処を超えていたのではないでしょうか。慎重というような言葉の必要を感ずるよりも、もっとずっと近い所にいたのだという気がします。ですから、お八重さんが「こう苦しまねばならない」と想像しているのと、私が苦しんだ事との間には、かなりの距離があるように思います。

そしてまたお八重さんは、私が第二の恋愛にはいったのは、第一の牢から第二の牢にはいるのと同じだと云います。私が今日までのいわゆる第一の牢で何を苦しんだのでしょう。同じ苦しみをした同じ処にはいって行くほどの、私は馬鹿ではないと信じます。第二の牢と第一の牢とが同じものならば、第二とか第一とか呼ぶ必要はない。同じ処に帰ってゆくのだと云えばよろしい。私は同じ処に二度はいって、違った処にはいっているというほどの盲ではないつもり。

同じ処にいつまでもちぢこまって、出たりはいったりするものを嘲笑《わら》っている不精者や利口者よりは、もう少し実際にはいろんなものを持つ事ができるのではないでしょうか。私は、できるだけ躊躇なく出たり入ったりしたい。いろいろな処でいろいろな事を知りたい。どうせ現在の私達の生活は牢獄の生活ではないでしょうか。どこに本当の自由な天地があるのでしょう。

お八重さんは、自分を本当に自由な処にいるのだと思っているのでしょうか。また、私が辻と別居してあなたとの恋愛に走った事はミネルヴァの殿堂に行くつもりでまたもとのヴィナスの像の前にひざまずくものだと云います。こうなると、私はもう何を云うのも厭《いや》になります。ミネルヴァとヴィナスと一緒に信仰する事はできないという事があるのでしょうか。私達の恋愛がどのようなものであるかという事が、少しも分らないのでしょうね。もちろんわかる筈もないのですけれど。やはり、私はだまって私達の道を歩いて行きさえすればいいのですね。他人《ひと》が分ろうと分るまいとそんな事にはもうこだわっている気になりません。女の世界のを読んでお八重さんがサゼストされた事は、前途が決して明るくないという事だそうです。不安な不快な曇りが想覚されたのだそうです。そして最後にお八重さんは云います。

「あなたはまだお若いから困りますね。もっと聡明に恋をして下さい。でないと、あなたのしようとしている事が、何もできないで駄目になりますよ。今までの苦心も水の泡になりますよ。しっかりなさい。モルモン宗に改宗したり、恋の勝利者なんて浮かれてる時じゃありませんよ」

お分りになりました？　ねえ、私のお友達は本当に聡明ですね。私の本当の事を知っていて下さるのは、あなただけね。どうせ、私はもうあのサークル［青鞜社］におさまってはいられないのですもの。私は血のめぐりの悪い、殿堂におさまった冷たいミネルヴァはいやです。

私が、これからどのような道を歩こうとしているか、それもあの人には分っていないのです。私は本当に勉強します。

今どんなに説明しても分りはしないでしょう。五年先か十年先になれば、きっと半分くらいは分るかも知れませんね。私が恋に眩惑されているのかそうでないかが。眩惑されているとしても、その恋がどんなものであるかが。

何だか、私はまるであなたに怒りつけているようね。御免なさい。でも、なんだかあなたに話をしてみたかったんですもの。

とうとうやられましたか　大杉栄宛　一九一六年六月一日

今日は朝からちっとも仕事ができないので困っていましたの。昨日お手紙が来たので、今日はもう頂けないものと思ってあきらめて待たないでいましたのに、来ましたので本当に嬉しうございました。本当にいろいろご心配をかけて済みません。

女の世界もとうとうやられましたか。すると、もう私達は何も云う事ができなくなった訳でしょうか。しかし、他の人に云える事がなぜ私達が云ってはいけないのでしょうね。

着物の心配までして下さってありがとう。もうお天気の今日には暑くてセルも着られませんから、すぐと単衣《ひとえ》でいられます。従妹から湯上りに着るのを二反送ってくれました。それを仕立てて着ていればよろしうございますから。それと、羽織を、私は東京にあると思っていましたら、田舎に置いてあるそうですから、それを送ってもらいます。いい単衣が一枚あればそれでいいのです。九州へ行けば、着るもの位はどうにかなりますから。単衣も出せばあるのですから、急がないでもいいのです。

子供は預ってくれそうです。上野屋の親類の人で、鉄道院へ出ていた人の妻君で、子供二人をかかえている、まだ若い人です。その人は預りたがっています。ただ親類の同意がありさえすればいいのです。主人はなくなったのだそうです。

*お清さんが保子さんの処に行ったのは面白いですね。けれど、保子さんがあなたによくなったのはうれしい。それだけでも充分です。私達にまで好意を持って頂くようには決して願いません。ただ、あなたにさえいやみや皮肉をおっしゃりさえしなければ。

静かでいい気持かいなんて、そんな事を云って本当にひどいのね。ええ、いい気持ですよ。さびしいと思ったってあなたが来て下さる訳でもないし、我慢するより仕方がないんですもの。思い出させるようになんて、私があなたを思わないでいる時があると、あなたは思っていらっしゃるの。本当にそれだからあなたは、人をさんざんさびしい目に合わせておいて、静かでいい気持かいなんて笑っていられるのですよ。

今日は本当にいいお天気ですよ。東京もそうでしょうか。あなたがいらっしゃらなくなってから仕事ができたのは、あなたの事を思い出すたびに、苦しまぎれに仕事にかじりついたからです。邪魔だったのじゃありませんよ。いくら書いても限りはありません。止します。今夜はまた少し長く起きていて仕事をします。あなたも今夜は懸命にしていらっしゃるのでしょうね。

麦がもうすっかり刈られてしまいました。毎晩お星さまが綺麗ですね。私は相変らず、あすこに出ては歌っています。

＊お清さん――岩野（遠藤）清子。『青鞜』同人。夫・岩野泡鳴と蒲原房枝との姦通事件により別居し、離婚を巡って法廷闘争となった。大杉からの手紙には「岩野のお清がね、先日……保子のところで夜の十二時頃まで話しこんで行ったそうだ」とある。

恋をすれば石を投げられる　大杉栄宛　一九一六年六月六日

雑誌ありがとうございました。今皆よんで見ました。昨日からの不快が少し減じました。

このくらい方々でやっつけられればいい気持になります。まけおしみでなく、あんまり皆がいい気になっている馬鹿さ加減がおかしくなって来ますもの。よくもよくも口をそろえて下らないことを云ったものですね。すっかり痛快になってしまいます。ずいぶん私は憎まれ者ですね。恋をすればいつも石を投げられるにはきまっていますがね、少し烈《はげ》しすぎますね。あなたによほど可愛がって頂かないじゃこのうめ合せはつきませんよ。本当にあんまり可愛相じゃありませんか。でも、私黙っていればよかったと思います。あんなものなんか書かずにいて、これから先に、ほんとうのことが分った時に、皆を片っぱしから言いまくってやればよかったと思いますよ。

今頃は原稿が届いたでしょうね。孤月には少し遠慮してやりましたが、あんなことを言っている人だと知ったら、あのくだらなさ加減をもっとありのままにさらしてやればよかったと思います。本当に馬鹿ですね。

もう何かがすっかりきまってしまいましたから、一日も早く東京に帰りたいと思います。どうかして十日位までにはたちたいと思います。どこにもゆくところもないし、することもなく一人で退屈してしまいます。昨日からまた本をよみました。女の世界の原稿も半分は書けましたけれど、まだ皆まで書き終りません。それから大阪の方の原稿を、お送り下さるに菊池氏の宛名にして下さい。今朝電話をかけにゆこうと思いましたけれど、お金がないからよしました。お留守だとつまらないから。

よっちゃんが、昨夜身うけされて行ってしまいましたよ。あきえさんも行くそうです。こそちゃん一人になりました。大阪からは早く来るようにと幾度もさいそくがきます。でも今度ゆけばまたしばらくあなたに会えないのですね。それを考えると、いやになってしまいます。

今度東京にかえりましたら、*米峰のところへと、*西川夫人の処へ二人でゆきませんか。*山田先生のところへもちょっとからかいに行きたい気がします。お八重さんのところへも。ときどきこういうふざけたことを考えてはひとりでよろこんでいるのですよ、罪がないでしょう。

今度かえったら本当にまた長く別れていなければならないのですから、恩にきせたりなんかしないで私のおつき合いをして下さいね。お仕事にさしつかえがあれば、ここに迎いに来て下さる日までお仕事をなすってもいいでしょう。どうせじき、お目に懸れるのですから、一日や二日くらいはがまんします。この四、五日少し私は馬鹿になっているようです。頭がぼんやりしてフラフラしています。私がかえるまでに、あなたのお仕事が沢山進みますように、お願いいたします。書いても書かなくともいいようなことばかり書きますね、いやになってしまうでしょう。それでも、ね、こんな事でも書かずにはいられない気持を買って下さいな。あなたにはそんな馬鹿げたことはできませんか。できなければ仕方がありませんけれど。

だらしのない手紙ばかりね、もう止しますわ。

はいちゃい

のえ

六月六日

大杉さま

注　『女性改造』一九二三年十一月号に掲載された。冒頭の「雑誌」は、大杉が手紙で、「四谷へ行ったら、『中央公論』と『新潮』とが買ってあったので、さっき送った」と知らせた二誌のこと。三十一日の手紙には、『女の世界』が発禁になった影響で、「世間の奴は僕らを何と罵倒しようが勝手だが、僕らはそれに対して一言半句も言う権利がなくなった訳だ。実は『中央公論』で例の高島米峰の奴が、『新しい女を弔す』とか何とかいう題で、大ぶ馬鹿を言っているし、新潮でもケタ平（赤木桁平）の奴が妙なことを言っているし、向こうの悪口は肯定しておいて『それがどうしたと言うのだ』とウンと威張ってやりたかったのだが、それもできそうにない」と苦々しく書いている。

「原稿が届いたでしょうね」とあるのは大阪毎日への原稿のこと。ようやく脱稿し、大杉経由で送る手はずだったのだろう。大杉は読んで、翌日の手紙に「あの中の日比谷でのことね、……あの時のあなたのキッスは、ずいぶんツメタかった」などと認《したた》めた。一仕事終えて「一日も早く東京へ帰りたい」と記しているが、延びるのは、子（流二）の預け先が決まらなかったためであろう。

＊米峰——高島米峰（一八七五〜一九四九）。評論家。『中央公論』に野枝を「実に日本の国民道徳に対する一大反逆」などと非難した。戦後、東洋大学学長。

＊西川夫人——西川文子（一八八二〜一九六〇）。平民社で活躍した西川光二郎の妻。一三年、『青鞜』に対抗するような新真婦人会をおこし、雑誌『新真婦人』を刊行した。

＊山田先生——山田嘉吉（一八六五〜一九三四）。青鞜社同人であった山田わかの夫。塾を開き、前年、野枝は社会学を学んだ。

一番心配になるのは子供です　大杉栄宛　一九一六年六月二十二日

ゆうべ、また、二階の室《へや》に行って、ひとりであの広い蚊帳《かや》のなかにすわって手紙を書き続けようとしましたけれども、いろんな事を考え始めましたら、苦しくなってとても続けられませんでしたから止めて、じっと眼をつぶって一時頃まで考えていました。

四、五日すれば会える事が分っていながら、こんなにかなしい思いをするなんて、どうした事でしょう。これで二た月も会わずにいられるでしょうか。私はもうどこへも行きたくない。やはり東京であなたの傍にいたい。かじりついていたい。ただ私はいつでもしばらく東京から離れていたいというのは、私の腹立ちむしが、東京にいて、あなたに会いたい時に会えなかったり、お留守にぶつかったり、来て下さらなかったりした時に、すぐに騒ぎ出しそうなのですもの。だから、もう少し離れていたいと思うのです。そんな事は何でもないのですね。もう少しの間やはりあなたと一緒でなくては、私はちっともおちつきませんの。それに昨日は、神近さんの手紙をあなたが読んで聞かして下すってから、余計に気がふさいだんです。私だってあの人がどんなに苦しんでいるかは解りますけれど、ああして他の人に聞いたりすればそれが強く来ますもの。

　そして私の一番心配になるのは子供なのです。あの人［潤辻］がいつでもそのようでいれば、本当にあの子が可哀そうなのですもの。今まで本当に大事にして来たのですから、他家の厄介になんかなっていると思いますと堪りません。

　私は預けた子供よりも、残してきた子供を思い出すたびに気が狂いそうです。あの子供のために、幾夜泣いたでしょう。私の馬鹿を笑って下さい。こんな愚痴を何だってあなたになんか書いたのでしょう、御免なさい。本当に、あなたは馬鹿々々しくお思いになるかも知れませんけれど、今まで、あんな、これ以上の貧しさはないようなみじめな生活に四年も五年もかじりついていたのだって、みんなあの子のためだったのですもの。そしてそのみじめな中から自分だけぬけて、子供をその中に置いて来たのですもの。こんな無慈悲な母親があるでしょうか。でも、私がどんなにあの子を大事にして来たかを知っているあの人は、私がいなくなってからの子供の可哀そうな様子を見たら、少しは考えてくれるだろうと思ったのは、私のいい考えだったのでしょうか。忘れようとするほど、あの子のためには泣かされます。ああもうこんなつまらない愚痴は止しましょう。

あなたに、もう前から云おうとして云い得ないでいる事があります。それはお金の事です。私ははじめっから、ああして厄介をかける事が苦しくて仕方がないのです。それにあなただって余裕がおありになるのでもないのに、本当にすみません。何卒々々お許し下さい。神近さんからまで、ああして下さる事は、本当に申訳がなくて仕方がありません。大阪に行きましたら、すぐ叔父に話してどうかするつもりではありますけれど。私は本当につらくてたまりません。あなたもどんなにかお困りになるのでしょうに、本当にすみません。

一緒にいるのは本当にいけませんね、別れる時にいやですものね。もうこれから甘えない事にしましょうか。あなたはちっとも私を叱らないからいけないのですよ。此後《こんど》甘えたら叱ってね。神近さんは怒ってらっしゃりはしませんでしたか。もしか、今度会ったら私がおわびします。よろしく。左様なら。

こんな手紙を書くつもりではなかったのですけれど妙な手紙になりました。怒らないで下さいね。あとでまた書きます。

注　大杉が三度目の訪問をして、前日まで滞在、子供の預け先が決まったことがわかる。里親は、一日の手紙に書いた「上野屋の親類の人」ではなく、宿の主人の世話で、大原町根方の網職人、若松鶴吉・さと夫妻がなってくれた。

「四、五日すれば会える事が分っていながら」とあるように、この後、野枝は東京に戻って大杉の下宿に同居し、予定していた大阪へ向かう。

叔父はアメリカへ行けと　大杉栄宛　一九一六年七月十五日（一信）

昨日はとうとうはがきを書く事もできませんで失礼してしまいました。何卒あしからずおゆるし下さい。

停車場に和気［律次郎］さんが思いがけなく見えていましたのにびっくりしました。あなたが電報を打って下すったのですってね。午後から社に伺う約束をしてすぐこちらにまいりました。叔父［代準介］は午後から旅行するのだと云って、かなり混雑している処でした。もう一と足で後れてしまう処でした。午後から社にゆきましたら、菊池氏は小説執筆中で休んでいました。しばらく和気さんとお話して心斎橋まで一緒に行きました。

叔父は三時にたつと云っていたのですけれども九時まで延ばしていろいろお話をしました。何か云おうと思いますけれども、何を云っても駄目なのでいやになってしまいました。叔父はアメリカにすぐに行けというのです。そして社会主義なんか止めて学者になれというのです。とにかく二十日ばかり留守にするからそれまでいろと云いますから、いる事にはしましたが、叔母が何も分らないくせに、のべつにぐずぐず云うのを黙って聞いているのがいやで仕方がありません。要するにあなたと関係をたてというのですけれども、それをはっきり云わないのです。

もうあなたのそばを離れて今日で三日目ですね。何だか長いような気がします。東京駅では何だかひどく急がされたのと、不意に多勢の中にまぎれたのとで、何だか気持が悪くてどきどきして、本当にいやになってしまいました。鶴見あたりを走っている時分にようやく落ちつきますと同時に、本当に、あなたのそばからだんだんに遠ざかってゆくのだという意識がはっきりして来て、すっかり心細くなってしまいました。沼津までは随分込んでいましたので体をまげる事も窮屈でしたけれど、沼津でボーイが席を代えてくれましたので少し眠りました。でも、天龍川を渡る時分はいい月で、ほんとにいい景色でした。いろんな事を考えながら眺めていました。労働運動の哲学を持っていた事は本当に嬉しうございました。よく読みました。いろいろな事がはっきり分りました。だんだんにすべての点が、あなたに一歩ずつでも半歩ずつでも近づいてゆく事を見るのは、私にとってどんなに嬉しい事でしょう。

大垣のあたりで明けた朝は本当におどり上りたいようにいい朝でした。関ヶ原辺には、いい色をした緑の草の中に可愛らしい河原なでしこが沢山咲いていました。私の好きなねむの花も。

こうして離れていると堪らなくあなたが恋しい。私のすべてはあなたという対象を離れては、何物をも何事についても考え得られない。それでいて非常に静かにしていられます。

あなたが今何をしていらっしゃるかしら、と考える私の頭の中にどのような影像ができても、私の心はおちついていています。本当に平らに和らいでいます。私はこの静かな心持があなたと一緒にいる時にどうして保っていられないのだろうと思います。

あなたにいつか話しましたね、私がいつでも私たちの交渉がうるさくなって来ると関係を断ちたいと思うって。でも、それが断っても断てなくても同じだという事も云いましたね。本当にこうしていればそれができるようにも思います。けれども、私にはどんなに静かな平らかな気持であろうとも、これが単純なフレンドシップだとは思えませんわ。肉の関係を断つ事だけですべてのことを単純に考えられるように思うのは間違いだという気がします。自分の内に眠っていた思いもよらぬ謬見を、一つ一つあなたの暗示を受けては探し出してゆくことのできるのを見ては、私はあなたに何を感謝していいか知りません。いろいろな点で私はただあなたの深い、そして強い力に向って驚異の眼を見はっております。どのような事であろうとも、私は今、あなたのそばを離れる事がどんなにいけない事だかが、本当によく分ります。

神近さんはどうしていらっしゃいますか。本当に私はあの方にはお気の毒な気がします。私は毎日々々電話がかかって来る度に、辛くて仕方がありませんでした。私がどんなにあの方の自由を害しているかを考えると、本当にいやでした。そしてまた、あなたのいろいろな心遣いがどんなに私に苦しかったでしょう。私はかなしいような妙な気がして仕方がなかったのです。今度も帰りましたら、すぐに家を探しておちつきたいと思っています。お仕事は進みますか、心配しています。本当によく邪魔をしましたね、おゆるし下さいまし。

注 大阪行きは叔父・代準介を頼る金策のためで、十三日に発ち、翌朝着いた。駅に迎えた和気が野枝来阪の記事を書き、「浴衣の上にお納戸鼠の夏羽織を着け、麻布の手提げ袋を下げて降りる」と描写している。大阪毎日と原稿についての交渉も、叔父の話に乗らないためか、金策の話もうまくゆかない。叔父は旅行から帰るまで待てというが、次の手紙にもあるように、そんなこと「出来やしない」で、十九日午後の列車で帰京する。『労働運動の哲学』は、大杉の著書で、この年三月発売の日に発禁になった。

すっかり計画が外れ　大杉栄宛　一九一六年七月十五日（二信）

すこし甘えたくなったから、また手紙を書きたいの。野枝公もうすっかり悄気《しょげ》ているの。だって来ると早くからいじめられているんだもの、可哀そうじゃない？　でもね、随分おとなしいのよ。けれど、もう大阪なんか本当にいやになっちゃった。野枝公もう帰りたくなったの。もう帰ってもいい？　まだ早い？　だけど、こんなじゃいやだわ。叔母なんて、あなたとの手紙のやりとりだって、あんまりしちゃいけないなんて云い出すんですもの。あたしそんなこと云われちゃやりきれないわね。帰ってもいい？　もう四、五日暮したら帰ってもいいでしょうね。叔父の帰って来るまでなんていることできやしない。

叔父でも叔母でも、あなたに誘惑されたのだと思って、今あなたから離しておきさえすれば、元にもどるのだと信じているのですね。そんな馬鹿な事でありはしません。私はもう断然ここの家とも今度きりで交渉をたってしまおうかと思っています。こうしていたって一日中のべつにぐずぐず云われては、唯さえ暑くてうるさいのに大変ですもの。

見せろ見せろって云うので『生の闘争』を見せました。堺さんの序文に幸徳さんの後を受けているんだと書いてあったのと、あの表に無政府主義とあったのになお驚いて、大変だと思ったんですね。仕方がありませんわ、理屈を云ったって。もう一ぺん考えた事に一生懸命にしがみついているのですからね。叔母はもうどうしても私がもう一ぺん思い返してくれなくては困ると云って、ぜひそうさせるというような訳なのです。随分大変でしょう。野枝公もうすっかり閉口しているんです。

私には大阪という土地は本当に性に合わない処だわ。やはりあなたのそばが一等いいわ。野枝公すっかり計画が外れていやになっちゃったけど仕方がない。

注　この後、十月に大杉と本郷・菊富士ホテルに移り、十一月には、葉山で日蔭茶屋事件が起きる（年譜参照）。翌年七月、巣鴨村に転居。次の手紙は巣鴨からである。

十円だけ送っておきました　武部ツタ宛*　一九一七（大正六）年八月十三日

お手紙拝見。大阪に来ているということはやっと半月ばかり前にききました。東京に来たのだったら尋ねて来ればよかったのに。本郷の菊富士ホテルということは今宿のうちでも代のうちでも知っている筈、ちょっときいてから来ればよかった。うちからは四、五日前たよりがあった。突然に、盆前に金を送ってくれるようにとの事だったけれど、もう日数がないから、とりあえず手許にあった十円だけ送っておきました。私も毎月でも送りたいと思うが、流二を他所《よそ》に預けて、その方に毎月十円近くとられるので、三十円や四十円とった所でどうすることもできないのに、この二、三ヶ月は体の具合がわるくて少しも仕事をしないで遊んでいるので一層困ります。できさえすればどうにでもするつもり。今宿へは今年一杯はかえれないと思う。来年になったら早々にかえります。大阪には、もうよほどお馴れか、少しは知った人ができましたか。私も時々はたよりをするから、そちらでも時々はハガキくらいは書いてほしい。こちらに用があったら、面倒な事でなかったら足してあげる。入用なものでもあったら、ととのえて送ってあげる。大阪では、国とも大分遠いから、体を大切にして病気になんかならぬようになさい。私のことは心配しなくても大丈夫だから。そのうち大阪にでも行ったら会いましょう。大阪は特にあついから本当に体を大事におしなさい。

野　枝

つた子どの

＊武部ツタ――野枝の妹。一八九七（明治三十）年生まれ。

女児出産、魔子と名づけました　武部ツタ宛　一九一七年十月一日

前略　おかわりはありませんか。私もぶじでいます故、ご安心下さい。

先日二十五日に女児出産、魔子と名づけました。

そちらではもう松茸が出ているようですが、こちらではまだ手に入りません。少々でよろしいが送ってもらえませんか。その代りには何なりとそちらでおのぞみのものを、こちらからもお送りします。

何卒よろしくお願いします。

野枝

つた子様

注　一行目、底本は「私も元気でいます」としているが、正しくは「ぶじでいます」（筆跡参照）。

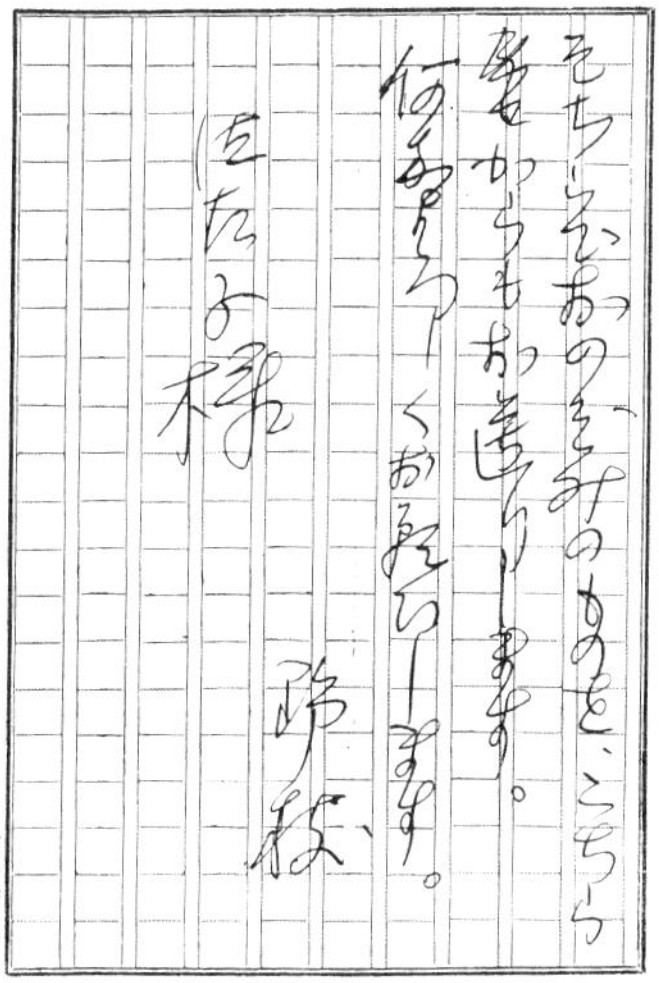

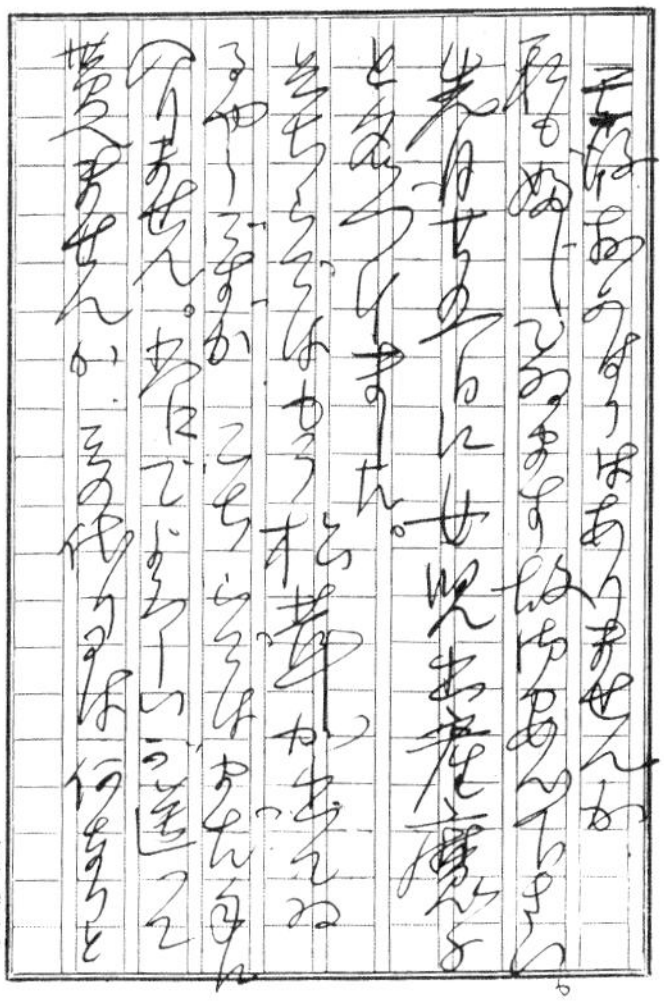

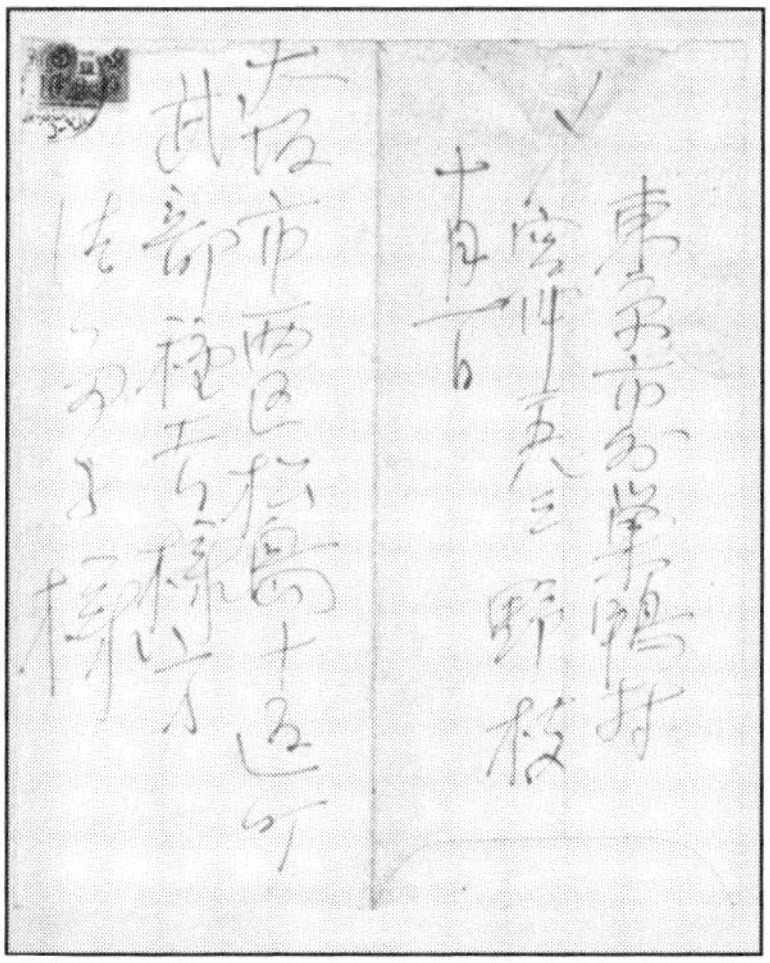

武部ツタ宛書簡（三点とも）、一九一七年十月一日

獄中見舞と同志・身内へ

一九一八（大正七）年一月、大杉と野枝は二人だけで『文明批評』を発刊し、運動に再起。同志集会も再開し、労働運動の活動家が結集、実際運動へと進める。野枝は、機関誌への執筆、発行をはじめ、裏方としての活動に精励した。手紙には、大杉への獄中見舞、同志・身内への連絡などが残されているが、内相・後藤新平への抗議や死の直前、最後の書状には胸を打つものがある。

何をしでかしたのだろう　大杉栄宛　一九一八（大正七）年三月六日、七ロ

あちこちで大分「つまらない事で」という評判があります。私は誰にでもそう云ってやりました。そんな事は本人が一番よく知っているでしょうって。始終云いたい事も云えず、書きたい事も書けず、まだるっこい思いばかりしていては、たまには「つまらない無茶」もしたくなるでしょうよって。

けれど、本当は二日の晩、橋浦*さんに、あなた方が日本堤に止められているのだと聞いた時には「まあ、この忙しい最中に、何をつまらない事をしでかしたのだろう」と少し忌々しい気がしましたわ。それに、日本堤だなんて、あんな碌《ろく》でもない場所なんですもの。

私、あなたの顔を見るまでは、少し怒ってやろうと思っていたのですわ。

　今日は、あの寒い控所に小半日待たされました。そして碌そっぽ話もできないんですもの、あれではあんまり呆気《あっけ》なさすぎますわ。本当に、文字どおりに「面会」というだけなんですね。話くらい、もう少し自由にさしてもよさそうなものですのにね。

　昨日と今日、MAKO*は橋浦さんの処に預けました。相変らずおとなしくしています。あなたが留守になってからは私にずっとあなたの尾行がつきました。今日も一生懸命に荷物を持ったり、俥《くるま》をさがしに走りまわったりしてくれました。目をさましますと、毎日とても起きられないかと思うくらいですけれど、そうしてはいられないのだと思いますと、やはり平気で動けるんです。気持って妙なものですね。

　堺さんによれば、あなたも一、二年はいった方があなた自身のためにいいそうです。それは本当かもしれませんね。そしてそれは私のためにもきっといいと思います。私はこの間からずっと緊張していていい気持です。皆の気持の上にもいい影響があるらしいのですよ。もしかあなたが一、二年も、ひょっとして三年もやられるような事があっても、あなたの体に対しての心配を除けば、私は本当に私自身にとってはいい修養になると思っていますす。決して望むのではありませんが、でも、そうあって欲しいような気がしないでもありません。一生懸命な気持で勉強もできますし、何か自分に相応した仕事もできそうな気がします。

あなたも、久しぶりの遮断生活ができて、たぶんいい気持でいるのでしょうね。左様なら。また会いにゆきます。此度《こんど》は少し話をして下さいね。今夜は村木*さんが泊りました。（六日）

今、和田さんと久板《ひさいた》さんが帰りました。大須賀さんも帰って来たそうです。これで、私も重荷を下ろしたような気がします。あなただけなら、他へ対しての気持がよほど楽になりますから。でも二人で面白そうに話してますよ。何だかもっと居たかったような事ばかり云っています。和田さんなんて呑気な事ばかり云っています。お湯に入れてくれなかったとか、頭を刈ってくれって云って断わられたとか不平そうに云っているんですもの。ついでに着物の洗濯までしてもらう気でいたんですとさ。随分虫のいい事ばかり考えたもんじゃありませんか。いま十一時すぎです。話はまだなかなか止みそうもありません。（六日）

昨日三人が帰されたので安心したせいか、今日はがっかりして昼間は手紙を書く元気もありませんでした。今、ＭＡＫＯは目をさましてひとりではしゃいでいます。私もこれで明日あなたに会ってもう一度仕事の相談を済ませば、明後日からは雑誌*の校正にかかります。

今日村木さんが警視庁の特別高等課長に呼ばれて会ったそうです。あなたの留守中のことを心配しているのだそうです。雑誌は続けるのかとか、新聞*の方はやはり出すかとか、

二、三ヶ月留守になればどうするとか、半年いなければどうなるかとかって。余計なお世話じゃありませんか。金の出処なんか聞くのですってさ。馬鹿な話。そんな事を云えば、意地からだって出さないとは限らないじゃありませんか。

新聞は、和田さんと久板さんと三人でできるだけ骨を折ります。皆もぜひ出すことにしたいと云っています。雑誌の方も校正がすみしだい、すぐに来月の編輯《へんしゅう》にかかります。何だって、本当にしないではいられないというほどに強い要求があれば、お金なんか大した問題じゃない事も、今度雑誌をはじめた時で経験していますから、大抵の事なら大丈夫ですわ。とにかく私は何よりも、同志の人達の上に緊張した気持になるような影響が来ただけでも、本当にいい事だったと思います。

ちょうどあなたが平民新聞時代に入獄を覚悟していた時に予期していたような望みが今度思いがけなく果される訳なのです。本当にいい事でした。

みんなで協力して、できるだけの事はやってみます。そして各々に、何かのいい結果をもって、あなたを迎える事ができたら、どんなに嬉しいでしょう。それにしても、早く結末がついてくれるといいと思っています。皆もそう云っています。

あなた一人がそこに残された事を何卒気強く思って下さい。私達は、あなたの思いもよらないような事だって考えているかも知れませんよ。公判の日には大勢でゆきます。そして、あの晩、会であなたがお話になったという公判廷*での示威運動が、思いがけなく事実にできることを、みんな愉快がっています。あなたも、きっとその事を考えていらっしゃるにちがいないとも話し合っています。それに対してのあなたの満足の笑顔が見たい。丈夫でいて下さい。あなたの体に対する心配さえなければ、私はどんなに気強いか。面会所って、私は非常に面白い所だとおもいました。何か書けそうですわ。あなたが先から、裁判の傍聴と、監獄の面会をすすめて下すった事をなるほどと思いました。この間の区裁判所で過した四、五時間も面白い見聞をしました。この一週間のいろんな事に対する印象は、私には全く新しいもので、非常に興味を感じます。おかげさまで、いい見聞や経験を沢山しました。

こんな事ばかり書いているうちに余白がなくなりました。またこの次にしましょうね。手紙は毎日書きますわ。けれど、此度《こんど》あなたが出ていらしたら、私はどんなにおしゃべりをしなければならないかしれませんわ。だって、面会所でも、手紙でも話しきれない事を、そして聞いて頂きたい事を、沢山持っていますもの。

みんながいてくれますので賑やかで、ちっともさびしいとは思いません。この手紙より早く、多分明日は会えるのですね。でも彼処《あすこ》は大変暗いので、ただあなたの眼だけがギョロギョロ光って見えますよ。左様なら。本当に寒くはありませんか。何だか寒そうな恰好に見えますけれど。(七日)

注　大杉が「とんだ木賃宿事件」と呼んだ些細な事件で、日本堤署、警視庁から東京監獄へと、拘禁された時の対獄中書簡。後に六日と七日の手紙をまとめて「獄中へ」の題で、大杉の著書『悪戯』に収録された。冒頭部分が省略されていると思われる。

事件は三月一日の深夜に起こり、大杉の「とんだ木賃宿」によると次のような経緯だった。上野桜木町での例会（労働運動研究会）の帰り、同志五人は、池之端のレストランで食事をし、直接行動と政治運動との是非を論じ合ううちに終電車がなくなってしまった。その後だ。和田の古巣の泪橋《なみだばし》の木賃宿にでも泊ろうかとなって、三ノ輪から日本堤を歩いて行った。大杉と和田久太郎、久板卯之助、大須賀健治ともう一人。午前一時ころである。「吉原の大門前を通りかかると、大勢人だかりがしてわいわい騒いでいる。一人の労働者風の男が酔っぱらって、過って或る酒場の窓ガラスを壊したと云うので、土地の地回り共と巡査とがその男を捕えて弁償しろの拘引するのと責めつけている」。男はしきりに謝っている。大杉は中に入って、男から事情を聞き、「この男は今一文も持っていない。弁償は僕がする。それで済む筈だ。……」というと、酒場の男も周りの者も承知したが、警官だけが承知しない。「貴様は社会主義だな」と食ってかかり、結局、一緒にいただけの三人もろとも留置場に押し込んだ（一人は別行動をとり、仲間に知らせた）。

翌朝、署長は帰そうとするが、警視庁が大杉と知って止め、職務執行妨害を言い立てた。日本堤署に二晩、警視庁に一晩置かれ、東京監獄に勾留される。野枝は二日に親子丼を差し入れたのを始め、六日まで連日、面会に行った。大杉以外の三人は、六日に釈放されたが、大杉は留め置かれ、九日、野枝は内務大臣宛に手紙を書く。

＊橋浦さん――橋浦時雄（一八九一～一九六九）。大杉らの同志。前年十二月、大杉と野枝は橋浦の案内で、巣鴨から彼が住む亀戸に転居。近隣なのでよく往き来している。

＊村木さん――村木源次郎（一八九〇～一九二五）。古くからの同志で、孤立した時なども大杉を支えた。この時期も『文明批評』『労働新聞』の発行などに助力。

＊ＭＡＫＯ――大杉と野枝の長女・魔子。一九一七年九月生まれ。

＊雑誌――編集兼発行人・大杉、印刷人・野枝の二人だけで刊行する『文明批評』。一月、二月は無事だったが、四月発行の第三号は発禁とともに全部を押収され、廃刊する。

＊新聞――同居している和田と久板が発行する『労働新聞』。大杉と野枝が支援した。三月発行の計画が遅れて、五月に創刊。以降は六、七、八月と毎号発禁になり、廃刊する。

＊公判廷での示威運動――大杉が提起した方法とは、被告が裁判官に向かって大声で抗議し、同時に傍聴席の一人も演説を始める、その者が外に出されたら、他の一人が立つというように相呼応して抗議する行動。

私は一無政府主義者です　後藤新平宛　一九一八年三月九日

前おきは省きます。

私は一無政府主義者です。

私はあなたをその最高の責任者として　今回大杉栄を拘禁された不法について、その理由を糺《ただ》したいと思いました。

それについての詳細な報告が、あなたの許《もと》に届いてはいることと思いますが、よし届いているとしても、もしもあなたがそれをそのまま受け容れてお出《いで》になるなら、それは大間違いです。そしてもしもそんなものを信じてお出になるなら、私はあなたを最も不聡明な為政者とし覚えておきます。

そして、そんな為政者の前には、私どもはどこまでも私どもの持つ優越をお目に懸けずんばおきません。

しかし、とにかくあなたに糺すべき事だけはぜひ糺したいとおもいます。

それにはぜひお目に懸ってでなければなりません。

あなたは以前婦人には一切会わないと仰ったことがあります。しかしそれは絶対に会わないというのではありませんでしたね。

つまらない口実をつけずに此度《こんど》はぜひお会い下さることを望みます。

お目に懸っての話の内容は、

一、今回大杉拘禁の理由

一、日本堤署の中立と事実の相異

一、日本堤署の始終の態度

一、日本堤署および警視庁の声明した拘禁の理由の内容、および日本堤署の最初の中立てとその矛盾について
一、警視庁の高等課の態度の卑劣
一、大杉と同時に同理由で拘禁した他の三名を何の理由も云わず未決檻より放免したこと

まあそんなものです。

まだ細々したことは沢山あります。おひまはとりませぬ。

ただし秘書官の代理は絶対に御免を蒙《こうむ》りたい。それほど、あなたにとっても軽々しい問題では決してない筈です。

しかし断っておきますが　私は大杉の放免を請求するものではありませぬ。また望んでもおりませぬ。

彼自身もおそらくそうに相異ありません。彼は出そうと云っても、あなた方の方側で、何故《なにゆえ》に拘禁し、何故に放免するかを明らかにしないうちには素直に出ますまい。

また出ない方がよろしいのです。こんな場合にはできるだけ警察だの裁判所を手こずらせるのが私たちの希《ねが》う処なのです。彼はできるだけ強硬に事件に対するでしょう。

私どももできるだけ彼が、処刑を受けて出てからの未来を期待したいとおもいます。彼は今、日本堤署によって冠せられた職務執行妨害という罪名によって受ける最大限度の処

刑をでも平気で予期しているでしょう。私はじめ、同志のすべても同じ期待と覚悟をもっております。彼の健康も充分にもう回復しています。

そして、彼は大分前から獄内での遮断生活を欲していました。彼をいい加減な拘禁状態におく事がどんなに所謂《いわゆる》危険かを知らない政府者の馬鹿を私たちは笑っています、よろこんでいます。

つまらない事から、本当にいい結果が来ました。

あなたはどうか知りません。

警保局長、警視総監二人とも大杉に向って口にされたほど、大杉から同志の人々が離れた事をよろこんでいられたそうです。

しかし、今こそ、それが本当は浅薄な表面だけの事にすぎなかった事が、解ったでしょう。

そして、私はこんな不法があるからこそ私どもによろこびが齎《もた》らされるとおもいます。

何卒大杉の拘禁の理由ができるだけ誤魔化されんことを。浅薄ならんことを。そしてすべての事実が私どもによって、曝露されんことを。

此度のことは私どもには本当に結構な事でした。また、その不法がどのくらいまで私どもには結構な事で、あなた方には困ったことかを聞かせて上げましょう。

あなたにとっては大事な警視庁の人たちがどんなに卑怯なまねをしているか教えてあげ

ましょう。

燈台下《もと》くらしの多くの事実を、あなた自身の足元のことを沢山知らせてお上げします。
二、三日うちに、あなたの面会時間を見てゆきます。私の名をご記憶下さい。
そしてあなたの秘書官やボーイの余計なおせっかいが私を怒らせないように気をつけて下さい。

しかし、会いたくなければ、そしてまたそんな困る話は聞きたくないとならば会うのはお止しになる方がよろしい。その時はまた他の方法をとります。

私に会うことが、あなたの威厳を損ずる事でない以上、あなたがお会いにならない事は、その弱味を曝露します。

私には、それだけでも痛快です。どっちにしても私の方が強いのですもの。

私の尾行巡査はあなたの門の前に震える。そしてあなたは私に会うのを恐れる。一寸《ちよつと》皮肉ですね。

ねえ、私は今年二十四になったんですから、あなたの娘さんくらいの年でしょう？

でもあなたよりは私の方がずっと強味をもっています。そうして少なくともその強味はある場合にはあなたの体中の血を逆行さすくらいのことはできますよ、もっと手強いことだって——

あなたは一国の為政者でも私よりは弱い。

注　警視庁を管轄する内務大臣に不当拘禁を訴え、糺すための面会を要求。「私は一無政府主義者です」に始まり、「あなたは一国の為政者でも私よりは弱い」と結ぶ敢然とした抗議状である。後藤は、前年十月、大杉が直談判に行き、「原稿差し止めの替わりを」と迫って三百円を無心してきた相手。話が通じるとみたかもしれない。二、三日のうちに面会に行くと書いたが、手紙を出したこの日の午後、大杉が「証拠不十分」と釈放され、必要なくなった。現物は、巻紙に勢いよく墨書したもので長さ三・九一メートルという（田中伸尚『飾らず、偽らず、欺かず』）。岩手県の奥州市立後藤新平記念館が所蔵し、展示もされた。文面も筆跡も堂々として野枝の面目躍如。

仕事を持って九州に　安谷寛一*宛　一九一八年六月（推定）

その後いかが。お子達はお丈夫ですか。私の処の赤ん坊もようようのことでなおりました。手なしでいろんな仕事がちっとも進行しないので、当分の間、仕事を持って九州に行くことにしました。この家は今月一杯です。秀世さんのおべべは行きに持ってゆきます。クララ*はもうたったでしょうか。

もしまだいるようだったら、来月はじめに私はそちらを通ります。多分特急ですから寄ることはできませんが、一分でも二分でも、まだもしいるのなら会いたいのですが、一度たずねてみてくれませんか。

＊安谷寛一――一八九六〜一九七八。神戸に住み、一三年頃、『青鞜』の野枝と、また『近代思想』の読者で大杉とも文通。フランス語講習のテキスト作成に助力した。

＊クララ――イワン・コズロフの妻。コズロフはロシアの革命派の一員で亡命先のアメリカから、前年、来日した。大杉と親交。安谷と同じ神戸に在住。

着物と羽織を入れます　大杉栄宛　一九一九（大正八）年七月二十五日

ご気分いかが？　警視庁での二晩は随分お辛かった事と思います。あの警部の室《へや》で会った時の最初の顔がまだ目についていて仕方がありません。ずいぶん疲れた顔をしていましたね。どうせ仕方のない事だと思っていても、あんな様子を見ますと何だか情けなくなってしまいます。けれど、とんだ余興がはいったりして、思いのほか自由に話ができたり、永々と休めたのは本当に嬉しうございました。

＊獄中記は今月中にできるそうです。今日ちょっとよって表紙の色と、林［倭衛］さんの絵の工合《ぐあい》を見て来ました。表紙は思ったよりはいい色が出ました。しかし、さめた色は商品として困るというような話でした。そう云われて見るとそのような気もしますから、まだ真新しい柿色で我慢をしますかね。

着物と羽織を入れます。あんなつむじまがりを云わないで裁判所へ出る時は、チャンとしたなりをし出るようにして下さい。あんまりみっともないのは厭《いや》ですから。これは私のたった一つのお願いです。でなければ、私が一生懸命縫ったのが何もなりませんわ。それではあんまり可哀そうじゃありませんか。

本当にくれぐれも体をわるくしないようにして下さい。お願い致します。

今度の事件は、知識階級の間だけでなく、一般にも本当に問題にされています。本当につまらない事でしたけれど、結果から考えれば決してつまらない事ではありません。現在の模様では、知識階級の間では、直接にその問題のみでという訳にはゆかないようですが、何かの形式において公の問題にしようという話が、大分あります。お世辞でも慰めでもなく、本気で私にそう云って話してくれる人がかなりあります。

私はあなたとの生活には、まだまだもっともっと悲惨な、もっと苦しい辛い生活だって喜んで享受するつもりだったのです。まだこれからだって予期しています。あなたがそちらで不自由な月日を送るのに、私たちがべんべんと手を束《つか》ねて怠けながら、あなたの帰りを待つという事はできません。めいめいにできるだけの仕事をして待ちます。

注　東京監獄に拘留中の大杉への書簡。大杉はこの月、十五日に電気・機械工などの労働組合発会式で演説をして錦町署に検束、十七日は各派合同の演説会で築地署に検束、十九日には警視庁が下宿代の未払いと「家の立ち退きに応じない」詐欺・家宅侵入罪として拘引。野枝はその度に差入れに大わらわだった。そして二十一日、今度は傷害罪の廉《かど》で引致。警視庁（刑事課長・正力松太郎）は、何としても起訴しようと、二ヶ月前に決着済みの一件を事件として蒸し返してきた。尾行巡査が近隣の家から退去しないので殴り、わずかに唇を切ったという事件である。警視庁に二晩留め置かれ、二十三日、東京監獄に拘置された。

野枝は二十二日、面会に行き、刑事部屋でゆっくりと会話。この後も蚊と南京虫（トコジラミ）に何十箇所も食われたというのでシーツなど差入れに通う。

＊獄中記——大杉の著書。八月一日に春陽堂より出版。

ちゃんと損得勘定がしてある　大杉栄宛　一九一九年八月六日

あなたが留守になってから、家の中は本当に気がぬけたようになりました。はじめ二、三日は何だか寂しくて仕方がありませんでしたけれど、それから用に追われ出すようになってからは、寂しいも何もありません。夢中で一日が過ぎてしまいます。それでも夕方帰って、家の中は一杯に取り散らされたままに誰もいない、何だか森《しん》としているなんていう時には、妙に寂しい気がします。

家主との厄介な事さえなければ、保釈になって帰って来てまた改めて出直すなんて事になるよりは、このまま早く済まして頂いた方が、私にはずっといいように思われます。しかし、家の方はどうしても一ぺんあなたに出て頂かなくちゃ本当に困りますね。何しろ私はちっとも落ちつけないんで困るんです。早く保釈の事、なんとかきまらないでしょうかねえ。家主さんも困るでしょうが、私も本当に困ってしまう。

この頃、大抵ぬけ弁天で電車を降りて行きますけれど、どうかすると外濠をまわります。四ツ谷見附から牛込見附までの間は、私には懐しいような恨めしいような、妙な一種の気持に襲われて変なところです。*あの頃のいろんな記憶のよみ返ってくる事が、何だか私には一つの重苦しい感じになります。内的にも、外的にもあの頃の生活は一番複雑で負担の多い生活だったと思います。あの頃のように可哀そうな自分を見出す事は他ではありません。あの頃のように悩んだ事はありません。けれどまた、あの頃のように幸福に酔う事も、恐らくあの時を除いてはないでしょう。

　時はどうしてこんなに早くたって行くのでしょう? 私達の前にも、もうあの時とはまるで別の世界が開けて来ましたね。私達の喜びも、悩みも、かなしみも、すべてのものが、まるで違った色彩をもって来ましたね。でも、私達の生活がとにかく人間の生活の本当の深味へ一歩一歩踏み込んで来たという事は、どこまでも事実ですわね。私達はこれでほんの一寸《ちょっと》でも立ち止まってはならないのですね。私達の生涯が、どんなに長かろうと短かかろうと、その最後まで両足を揃えて立ち止まっていてはならないのですね。

　先だって、*荒畑さんの体が少々心配になる日がありましたので、*山崎さんへ様子を聞きに行きました。山崎さんの話に、大杉はどんな場合でも、ちゃんと初めから終《しま》いまで思慮をつくして事をする。たとえ他でなんと云っても無茶らしい事をするけれど、彼にはちゃんと損得勘定がしてある。だから、何をしても他から少しも心配する事はない。きっと損した以上の得をとらなければおかない。しかし、荒畑は用心深いようでいてカッとのぼせて後で馬鹿らしいと思うような目に遇うから困ると云っていました。こんな事は常に自分達でも話し、他人《ひと》からも云われますけれど、この頃のような際にはことに強く響きます。

この頃の荒畑さんが熱を持ち出した事と云ったらありませんよ。私達に対しても少しもこだわりのない態度を見せています。これも、一つにはあなたが留守になった事が大きな原因だと云わなければなりますまい。本当に私は嬉しく見ています。あなたもさぞ本望だろうとお察し致します。これで山川さんが出て下されば申分なしですね。あなたの留守も充分に効果が上るわけです。世の中の事というものは本当にうまくしたものですね。荒畑さんが変ったというので和田さんなんか驚いていますよ。

＊あの頃――一九一六年、辻と別れ、御宿滞在の後、大杉の下宿・第一福四萬館に同棲した頃のこと。麹町三番町（現在の九段北四丁目）にあり、四谷見附と牛込見附の間であった。
＊荒畑さん――荒畑寒村（一八八七～一九八一）。大杉とは平民社以来の盟友で、大逆事件後、二人で『近代思想』、次いで『平民新聞』を発行した。が、この後、感情的にもつれ、思想的にも懸隔を生じる。
＊山崎さん――山崎今朝弥《けさや》（一八七七～一九五四）。弁護士として各派社会主義者の弁護に尽力。この時の事件も担当した。

雑誌はまた禁止になりました　大杉栄宛　一九二〇年一月三十一日

中野に落ちついたそうですね。でも、昨日近藤［憲二］さんに行って頂いて様子も分りましたので安心しました。ご起居いかに。寒さは随分きびしそうですね。東京とは十度も違いますとの事、さぞかしとお察し致します。私は今日でもう三日床の中で過しています。それにつけても、ただあなたの様子ばかりが思いやられてなりません。

お別れ致しました日、服部*から裁判所まで歩いて行くのが、ずいぶん苦しいように思いましたが、帰りには一層体のアガキがつかないのでまた服部で少し休んでようやく帰ってまいりました。ご飯をすましてからみんなは早速に校正にかかりましたが、私は何となく気持が悪いので先にふせりましたが、一時間もたたぬうちに少しおなかが痛み出して変ですから、二時間ばかり経過を見て十時半すぎ頃に電話をかけてそう云いますと、安藤さんが助手をつれて来てくれました。この前と同じ経過で、いつまでたっても駄目なんです。お産婆さんは二人とも、私のおなかの上につっぷして眠ってばかりいるのです。私は苦しくて本当に何と云っていいか分りませんでした。痛んで来るごとに、私は眼をつぶっては頭の中一ぱいにあなたの顔を見つめて、じっと自分の胸を抱いては苦しみを忍んでいました。すると二度ばかり不意にひどい痛みが来ました。本当に目がくらむようでした。すると、三度目に子供は出たのです。後の経過は大変いいのですからご安心下さい。みんなの評判によりますとマコよりはずっと別嬪《べっぴん》になる条件が具わっているそうです。しかし何だか泣いてばかりいます。
雑誌はまた昨日禁止になりました。一昨夜十二時すぎに、和田さんが電車もないのに納本にゆき、昨日の朝、近藤さんが行ってみると、ボルガ団の記事がいけないというので、みんなで一段ばかり削る事になりました。主にあの落書きがいけないのだそうです。この具合だと初版禁止改定再販が毎号のつきものになりそうだとみんなで話しています。（二十九日）
二十九日の夜と云っても、もう三十日の午前三時頃に、ようやく雑誌を渡辺*まで運び込んだそうです。それから折って三十日四時の急行で和田さんは大阪に帰りました。そしてその晩ひと晩ぎりで後を折って三十一日に配本を終りました。近藤さんは風邪で苦しがりながらあちこちと本当に大変でした。みんな、大変な努力でした。

注　大杉の巡査殴打事件は八月九日、東京区裁で罰金五十円の判決だったが、検事が控訴し、懲役三ヶ月となる。上告したが、十二月十八日、棄却されて確定。二十三日に東京監獄、翌日、豊多摩監獄（後の中野刑務所）に移監となる。収監の日、野枝は大杉を裁判所まで送り、深夜に二女・エマを出産。その七日後に出した手紙である。「雑誌はまた昨日禁止」とは、十月に創刊した『労働運動』第三号のことで、翌二〇年一月一日付で発行された。検閲のため、和田（久太郎）が「発行日の三日前」の定めに従って、十二月二十九日に警視庁に納本し、翌日、近藤（憲二）が行くと、ボルガ団の記事が禁止され、その箇所を抹消しての発行であった。
＊服部――親しい同志の服部浜次が有楽町で営んでいた洋服店。
＊渡辺――同志であった故渡辺政太郎の妻・若林やよ宅。『労働運動』の発行所になっていた。

あなたは一番大きな友達　大杉栄宛　一九二〇（大正九）年二月二十九日

いやなものが降り出して来ました。監獄はさぞ冷えるでしょうね。この間お会いしてからあの寒そうな姿が目について仕方がなくなりました。あんなならもうお目にかかりにゆくのも本当にいやだと思います。それにあなたは大変あの日ご機嫌が悪かったんですね。和田さんは先月末大阪に帰りましたが、どうも例の病気がよくないので弱っています。あの飛びまわりやさんが、歩く事がまるでできないのですから。久板さんは相変らずコツコツ歩いています。みんなまだウチにいます。

もう半分すみましたね。ずんぶん辛いでしょうね。奥山*さんが本当に心配していらっしゃいます。ただ寒いのと違って煉瓦や石は冷えるからと云っていらっしゃいました。出ていらしてからなら、少しくらい寝込んでおしまいになってもかまいませんから、何卒そちらでは病気にならないようにして下さいまし。

私は、本当に、私達がどんな接触を一番深くしているかという事を今度つくづく感じました。もう長い間、私は友達というものを持ちません。そしてまた欲しいとも思いません。

まるで孤独というものを感じた事はありません。けれど今度あなたがお留守になってから、私は本当に、ひとりだという事にしみじみ思いあたりました。あなたは、私にとっては一番大きな友達なのだという事を、本当に思いあたりました。大勢と一緒にいましても、私は私の感じた事、考えた事の何一つ話す事ができません。内面的な出来事もあればあるほど、私は全くひとりで考えているより他はないのです。私には今、それが一番さびしく思われます。

私はじっとして家の中に引込んでいると、本当にコンベンショナルな家庭の女になり切ってしまいます。そして、なりたがります。あなたのする事、考える事が、いちいち気になります。外へ出かけても食事時には帰って来てほしいし、出先もいちいち知りたい。家で仕事をしていらっしゃる時だって、あんまり仕事に熱中して食事時もろくろく相手になってもらえなければ、私は不平なんです。つまり自分が家庭のコンベンショナルな夫婦になりたがるように、あなたにもやっぱりいい家庭の旦那様になってほしいのです。そして私は自分のそういう傾向や、あなたに対するこの欲求が、私達の生活には無理である事をよく知っています。別にいて、私が私自身の生活を静かに送っている時、私はあなたの生活をそう一から十まで気にしないで済みます。あなたの生活と自身の生活を判然と区別する事ができます。そしてそこに、私のあなたに対する本当の強味ができてきます。私は巣鴨でそんな話も珍しくしました。私達はできるだけ別にいる方がいいのです。けれど、考えてみますと今日まで、私達はたった一ヶ月半別れていて、それで私はろくな話し相手もなくて寂しがっています。この意久地《いくじ》なしを笑って下さい。少し肩がいたくなりましたから今夜はこれで止します。（二月八日）

先達《せんだつて》はまた、ツルゲーネフ*のオン・ゼ・イヴを読みました。あなたはあれを読んだ事がありますか。私はエレーナやインザロフに対して、特別に興味を引かれる何ものも見出しはしませんでしたけれど、ただ、病人のインザロフを守って祖国の難に行く途中のエレーナの気持には、ひどく引きつけられました。そしてまた、インザロフを失ったエレーナの気持にも引かれました。続いて私はまたロオプシン*という人の書いたごくつまらないものですが、その中でも、あるテロリストのラヴアッフェアに強くつきあたりました。

私達は生きている間は、どんなに離れていても、お互いの心の中に生きている一つのもので結びつけられていますけれど、私達はいつの日死に別れるかしれない、と考える時に、私は心が冷たく凍るような気がします。私が先に死ぬのだったら、私は何にも思いません。きっと幸福に死ねるでしょう。でも、残される事を考えると本当にいやです。そして私達の生活にはいつそんな別離が来るかも知れないなどと考えます。馬鹿な話ですけれど。小説はこんな妙な事を考えさせますからいけませんね。

オン・ゼ・イヴにつづいてパザロフやルーディンも読んでみましたけれど、つまりませんね。何の感激も起りません。すぐ物足りない気持がするだけです。私の感じはあまりプロゼイックになりすぎたのでしょうか、それとも他の理由からでしょうか。私はこの頃毎日のように、仕事の日割を考えています。毎日、日の経つのを待っているのはいやですけれども、これからあなたが帰っていらっしゃるまでにすべき仕事のことを考えますと、日数が足りない位に思われます。けれど、中にいらっしゃるあなたにとっては随分長いのでしょうね。

十日の日にそちらにゆきました時、門の控所で他所《よそ》のおかみさんが話していました。「私どもでは日曜が二十三すぎると出て来ますので、私はコヨリをこしらえて日曜が来るごとに一本ずつそれを抜きます。そしてその数はもう数えなくてもよく分っているくせに、しょっちゅう数えずにはいられませんのですよ」と。

本当にそれは誰にでも彼処《あすこ》に来ている人には同意のできる話です。

二月号の新小説に*クロの自伝の中の城塞脱走が出ます。先だって春陽堂で今村さんに会いましたら「先生が出てお出《いで》になったら、ぜひ今度の獄中記を書いて頂くようにお願いして下さい」なんて云っていました。そして今度それを増補してまた獄中記の版を重ねるのだからなどとも云っていました。今度は中野の巻がはいるのですね。しかし、帰って来てすぐに書けなんて仰ったって駄目ですよ、と云っておきました。ついでの時に書物を沢山読んできて新小説に書く材料をウンとつくって来て下さいですってさ。まるで、新小説のお抱えの原稿書きででもあるようですね。

堺さんもいつ行けるか分りませんね。旅行券が下らないし、それに船がないでしょうし、行けたところで、夏ゆけたら早い方でしょうね。マガラさんを連れて行くのですって。出獄の時の事について、伺っておかねばならぬ事がいろいろありますから、二十日頃にお目にかかりに行きます。お手紙は、これをご覧になりましたらすぐにお書きになって下さいませ。

＊奥山さん――奥山伸。明治から昭和まで社会主義者の診療をよくした医師で三田医院を開業。大杉もしばしば世話になった恩人。

＊ツルゲーネフ――ロシアの作家。「オン・ゼ・イブ」は長編小説で、邦題は「その前夜」。物語は、貴族の令嬢・エレーナが、ロシアの大学に学ぶブルガリア独立運動の闘士・インサーロフ（インザロフ）と結婚するが、彼は帰国の途中、病死してしまう。が、夫の遺志を継いで、亡夫の祖国へ行き、独立運動に身を投じる、と展開する。バザロフは長編小説「父と子」の主要人物の一人でニヒリスト。ルーディンはこのタイトルの小説の主人公。

＊ロオプシン――ロシアの社会革命党（エスエル）員で本名・サヴィンコフ。ロープシンの筆名で小説を書き、「蒼ざめたる馬」が一九一九年に翻訳（青野季吉）、出版された。

＊クロ――クロポトキン（一八四二〜一九二一）。ロシアの地理学者、思想家。一八七四年、「ブ・ナロード」運動で投獄されたが、脱獄して西欧に亡命。理論を深める多くの著書を著し、近代アナキズムの形成に大きな影響を与えた。「自伝」は、大杉栄訳『革命家の思出』（春陽堂）として、

五月に出版される。

私はひとりでポツンとしています　江口渙・千代子宛　一九二二（大正十一）年一月五日

お帰りになったこと新聞で拝見。お伺いしようと云っていますが、大杉は元日早々から二月号の原稿をせめられて書いていまして、なかなかひまになりません。何卒あなたの方からお出かけ下さい。お待ちしています。私どもは今、本当に二人きりです。女中なしの処に子供を二人とも叔母と従妹で九州に連れて行ってしまいましたので、さびしくてたまりません。大杉は毎日二階で仕事していますし、私はひとりで下でポツンとしています。何卒出かけていらして下さい。お待ちしています。

注　作家・江口渙は日本社会主義同盟の執行委員になり、アナキズム団体・自由人連盟に加盟するなど、社会主義運動に参加し、大杉夫妻とも交流していた。前年の秋から冬にかけて那須温泉に滞在し、十二月下旬、新たな住まいの藤沢市鵠沼《くげぬま》に帰った。当時大杉と野枝が近くの逗子に住んでいたので、転居通知を送り、それに応えた手紙であろう。「二月号の原稿」は、『改造』、『労働運動』、『東京毎日新聞』掲載用のもの。

どうです、未決檻の居心地は？　堺真柄《まがら》宛　一九二三年一月十六日

どうです、未決檻のいごこちは？　長い接見禁止には、さぞいやにおなりでしょう。早

くお目にかかりにゆこうと思っていますが少し風邪気味なのでまだ果しません。が、ぜひ近日お目にかかりにゆきます。

寒さがお正月以来急にはげしくなりましたからさぞ体にきくでしょう。何卒大切にして風邪をひかないようになすって下さい。体さえうまくもってゆけば、精神を破られるような事はありません。そのうち無聊《ぶりょう》をなぐさめるような手紙を書いてお送りします。今日はこれで失礼。

注　堺利彦の娘・真柄（一九〇三〜八三）は前年十一月、暁民会の「軍隊赤化事件」で、関係者十一人とともに検挙され、東京監獄未決監に勾留されていた。十月、陸軍大演習のため兵士が分宿している都内の民家に、反戦ビラを投函した事件である。野枝が出したこの手紙の翌日、保釈になった。真柄は、前年発足した初の女性社会主義団体・赤瀾会の世話人の一人。野枝はこの会に山川菊栄とともに顧問格で参加した。

凍死した男は久板さん　林倭衛《しずえ》宛　一九二二年一月二十六日

今からまさか年のせいでもない筈ですが、とかく不精になって、用事の手紙もなかなかちょっとに書けなくなりました。あなたのお手紙を拝見するたびにぜひ手紙を書こうとは思うのですが、つい失礼してまだ一度もおたよりをしないのは申しわけがございません。ファブルの書物ありがとうございました。あなたはせっかく出かけて行って、つまらない

つまらないばかし繰り返してお出《いで》になるのはどういうわけでしょう。何か日本に心がかりな事でもあるのですか。この頃は日本人は、フランスでも、ドイツでも、イタリイでも、大威張りでいられるというではありませんか。もう五十にも六十にもなるおじいさんさえ、若いきれいな相手を見つけて引っぱって来る世の中に、何をそんなにこぼしていらっしゃるのです。

私どもも幸いにみな無事です。ことに大杉は病気以来すっかり体がよくなって、この節ではもう十七貫という大きな体になりました。そして、昨年の十一月、ちょうどあなたがベルリンから絵はがきをお出しになった時分に、私達は逗子に越して来ました。今度は鎌倉の家とは較《くら》べものにならぬほど広い邸です。家も広いし庭もかなりあります。あなたがこちらにいらっしゃれば貸してあげたいような広い西洋室もついています。何しろ門内に六畳三畳という番人*の家までついているのですから大したものです。それでも、日本一の方だからというので、家賃なんか一文もいらないという結構な家主さんですから全く申分なしでしょう。

あなたもつまらないフランス三界《さんがい》をうろついていないで帰って来てはどうです。相変らずお酒を飲んでいるのでしょうね。安くていいお酒が飲めるのだから、それだけでもそちらの方がよさそうなものですのにね。大杉も奥山さんにすすめられて、この頃はウイスキイを少しずつ飲む、というよりはなめています。何しろ、茶さじに二杯のウイスキイで陶然とするのですから世話なしです。それでも、とにかく、三月に一本くらいの割にはなるのでしょうね。タバコはやっぱし我慢しています。あなたがいらっしゃる頃にはやめていた雑誌「労働運動」をまたはじめています。今度は月刊です。社員は私達二人と近藤さん和田さんだけです。

いやなお知らせをしなければならないようになりました。それは久板さんの死です。二十四日の夕刊に、「偽大杉栄凍死」という題で、四十五くらいの男が天城山のある峠で二尺くらいの積雪の中に死んでいた、懐には大杉栄の名刺三枚を持って、どこのものとも知れない、とあるのです。私達は、二人で笑いながらその新聞を見ていたのです。そして、もうそれで忘れていました。するとそれから三十分ばかりすぎに「ヒサイタアマギニシス」という電報が東京から来ました。その凍死した男というのは久板さんだったのです。

なんという思いがけない事でしょう。「いかにも久板らしい死に様だな」と大杉は云いました。本当にそうです。けれども、なんという可哀そうな死に方でしょう。凍死は非常にいい気持に眠って死ぬのだそうですが、それでもあんまり情けないような気もします。

どうして伊豆あたりに行っていたのか、あなたは不思議にお思いになりましょうが、久板さんは最近に絵を描く事に非常な興味を見出していたらしい様子です。私どもはしばらく会いませんでしたが、非常な熱心で絵を描いて、時々知人の処にその絵を持って行っては売ろうとしていた、という話は聞いていました。新聞によれば、携帯品というのは絵の道具だけだったらしい様子です。私の考えでは、伊豆の風景は、かつて宮崎安右衛門という人と二度ばかり伊東あたりに滞在していてよく知っているので、絵を描きに出かけて行ったのだろうと思います。そして、雪で交通の杜絶した道を、例の歩く事をなんとも思わぬところから、馴れない雪道を歩いてそんな事になったのだろうと思います。

四十すぎて、本当の興味を打ち込む事を見出して、そのためにそういう最後にまで行ったと云えば、久板さん自身にとっていい最後だったのかもしれません。今後生きていても、どれだけその生活を享楽する事ができ得るようになるかどうかは、全くわからないのですからね。まあ恐らくは一層惨めにする位だったのかも知れませんものね。

けれども、本当に人間というものはいつどこでどんな死に方をするか分りませんね。死骸を引きとりに、昨日村木、岩佐、望月と三人で大仁《おおひと》に出かけて行ったそうです。今日あたり誰かが寄ってくれるだろうと思って待っているのです。

あなたの描いた久板さんの肖像も思い出の深いものになりました。あれはどうなっているでしょう。あの人も本当に寂しい人でしたけれど、たしかに異彩をもっていましたね。亀戸時代からあの肖像画をお描きになった頃が、あの人の一番元気のいい盛りだったのですね。

あなたは、度々ベルリンにいらっしゃるのならば今度、*森戸辰男氏を訪ねてご覧なさい。この四日に奥さんが坊ちゃんを連れて出かけてお出《いで》になりました。いずれ家をお持ちになるのでしょう。森戸さんも奥さんも気持のいい方ですから訪ねてご覧なさい。私どもの名前を云っていらっしゃれば、きっと気持よくおつき合いができようかと思います。（もっとも、お酒は飲みませんよ。）

＊林倭衛——一八九五〜一九四五。一三年に大杉と荒畑寒村がはじめたサンジカリズム研究会に参加して以来の同志で、画家。一九年に、大杉の肖像画を二科展に出品し、警視庁に撤回させられた。前年七月、坂本繁二郎、小出楢重らとともに渡仏した。

＊番人の家——警視庁の巡査が大杉と野枝を四六時中監視するための小屋。

＊森戸辰男——一八八八〜一九八四。東大助教授だった一九年、クロポトキン研究の論文で禁固三ヶ月を科された（森戸事件）。論文執筆の過程で、大杉を訪問するなど旧知の仲である。大原社会問題研究所の中核メンバーとなり、ベルリンに留学、書籍収集などに当たっていた。

ルイズと名をつけました　代準介宛　一九二二年六月

六月七日、ぶじ女児を出産しました。ルイズと名をつけました。またまた女の子です。仕方ありませんから、婦権拡張につとめます。

注　大杉・野枝の四女である。名前の由来を大杉が『二人の革命家』の序文にこう書いている。

「こんどの子は、僕の発意で、ルイズと名づけた。フランスの無政府主義者ルイズ・ミッシエルの名を思い出したのだ。彼女はパリ・コムュンの際に銃を執って起ったほど勇敢であったが、しかしまた道に棄ててある犬や猫の子をそのまま見棄てて行く事のどうしても出来なかったほどの慈愛の持ち主であった。が、うちのルイズはどうなるか。それは誰にも分らない」

大杉が「どうなるか」と思いやったルイズは、大杉の死後、留意子と改名、ずっと後には伊藤ルイと名乗り、両親を継いで原発反対など「草の根を紡ぐ」社会運動に活動した。足跡は松下竜一『ルイズ――父に貰いし名は』（講談社）や映画「ルイズ　その旅立ち」（藤原智子監督）などに記録され、自らも『海の歌う日』（講談社）など四冊の著書に表出している。

代はこの手紙（はがき）を留意子が高等女学校を卒業して神戸に発つとき、彼女に与えた。松下竜一の『ルイズ』（一九八二年）に初収録、全集には未収録。

ヨタな男よりよほどまし　堺真柄宛　一九二二年六月十四日

おはがきありがとう。

無精ばかりして、あなたにはこの間から大分お手数をかけましたね。

せっかく御祝詞をいただいても、ではまた女ではなんてさぞあちこちで云われている事だろうとおもうとうんざりします。でも、ヨタな男よりはしっかりした女の方がよほどましですからね。大いに立派な女を大勢そだてて女権拡張につくすつもりです、とか何とかいばるより仕方がありませんね。今月中はとても出京はできませんからよろしくおふくみをねがいます。それからあなたにぜひご相談したい事があるのですが、一日あそびながらいらして下さいませんか。大変わがままですけれど。ご両親にもぜひ私からおねがいだとおつたえ下すってお許しを出して下さるようにおねがいして下さいませ。

注　「一日あそびながらいらして下さい」との要望に応じて、真柄が来訪したと推測できる小篇がある。逗子町内のすぐ近くに住んで、交際のある作家の里見弴《とん》が『サンデー毎日』七月十日号に「尾行」という小品を発表。これに「六月の陽が耀る日」、海岸で東京からの女性客を連れた「社会主義一方の頭目」大杉に出会った顛末を書いている。二人は「四、五日違いに、同じ産婆の手で産れた子供の話」などをした後、大杉は漁師に頼んで船を出した。間もなく、大杉に付いてきた尾行の刑事も船を頼み、子連れの里見が誘われて便乗する。里見が刑事に「あの女の人は誰です」と訊き、刑事が「誰ですか、さっき東京から来た客ですがね」と応える女の人は、堺真柄にちがいない。野枝はルイズを産んだばかりだから、大杉が船遊びに誘ってもてなした。

モデルが年よりになった　安成二郎宛　一九二二年七月十一日

モデルが年よりになったことをおどろきます。あれをよむとほんとにあの学者の知っている頃のモデルの若さが出ています。ちかごろはすっかり年をとりましたと書いた方におしらせ下さい。今もあの若さだとたのもしいですが。

注　安成二郎が大杉らをモデルに日蔭茶屋事件などを描いた佐藤緑葉の小説「無為の打破」を知らせてきた。その返信に、大杉が「きのう読んだ。そう大してまずくもないじゃないか。モデルとしての苦情は別としてもだね。もっとも、いよいよ刺すというだんに到る道ゆきがはなはだあっけなさ過ぎるが」と書いた次に、野枝が挿入した文である。その後に大杉が「またはじめてもいいのかい（モデル注）」と付け加えている。「フリーラブを」という意味のジョークである。

『土』はあなたか千代子さんか　江口渙宛　一九二二年八月二日

随分ひどいおあつさですね。この頃はあなたお一人でお暮しのよし、いろいろご不自由でしょう。おあついから日中はなんですが、お気が向きましたらお遊びにいらして下さい。お夕飯くらいはいつでも御馳走しますよ。

それから千代子さんに書物を二、三冊拝借したままになっていますが、もし千代子さんのところがおわかりになりましたらおしらせ願いとうございます。それから『土』はあなたにお返しすればよろしいのでしょうか、それとも千代子さんのでしょうか。

注　「あなたお一人でお暮し」とは、このころ、妻・北川千代と離別して一人暮らしになったこと。千代は赤瀾会に参加、会計を担当し、野枝とも相知る仲。この後、労働運動家の高野松太郎と結婚。児童文学作家として活躍した。

国に帰って勉強してこよう　江口渙宛　一九二二年九月二十七日

おはがきありがとう。やはりおわかれになったのですか。千代子さんがおかえりと伺いましたからなんとかお仲直りができたのかとおもっていました。あなた方の仲がそれほどまずいとは夢にも思いませんでした。ずいぶん仲のいいご夫婦だといつもおうわさをしていた位でしたのに、本当にわかりませんのね。でも、あなたはとにかく千代子さんも、これから先、幸福におなりになれればよござんすけれど、どうでしょうかねえ。何だか、お気のどくな気がします。あなたはそんなに落ちついてお仕事がおできになれば本当に結構です。いろいろな話、大杉から聞いております。思いがけない事ばかりです。

私も来月早々、大杉と別れて国に帰って半年ばかり勉強して来ようとおもってそうきめました。これは別に、意味のある別居ではなく、私の今の住居を都合上、九州に移すだけです。人手がないので、私の仕事がまるでできないから、というのが一番重大な原因で、第二は経済の節約、忙しい時にはお互いに一緒にいない方がいいという意見で、そうすることにきめました。ここを引き払わないうちに一度遊びにいらっしゃいませんか。お一人におなりになって、拘束がなくなったのはいい気持でしょうけれど、おいおいまた不自由なこともふえましょう。でも一人は本当によござんすね。私どもも前からの別居論者なのですけれど、なかなか実行ができませんから時々牢にはいったり、こんな時にでもなくては、別居もできません。此度はお互いにうんと成績をあげたいものだと云っています。私もずいぶん長い間何もしずになまけました。これから少し働きます。子供がいては思うようになりませんけれど。

久米さんがおうつしになった　江口渙宛　一九二三年十月三十日

おはがき拝見。

あのフィルムは、寺田さんにまかせて来ました。うまくいっているかどうかわかりませんが寺田*さんに聞きあわして下さい。もしうまく行っていれば焼いて持っている筈ですから。それからおついでのときに、久米*さんが去年鵠沼《くげぬま》でおうつしになった大杉や私のフィルムを全部ちょっと貸して頂けないか伺ってみて下さいませんか。

引きのばして焼いておきたいとおもいます。人に持ってゆかれて、一枚もないようになりましたから。

＊寺田さん――寺田鼎《かなえ》は英字紙ジャパン・アドヴァタイザーの社員で大杉に外国の新聞や雑誌を提供した。第二次『労働運動』の同人で、第三次を刊行中のこのときも労働運動社に寝泊まりして助力した。

＊久米さん――久米正雄（一八九一～一九五二）。作家。大杉は原稿を書く藤沢市鵠沼の東屋旅館でよく会い、花札などを遊んだ仲。久米が撮った写真が現存している。

伸さんもなくなりましたよし　柴田菊宛　一九二三年十一月二日

伸《のぶる》さんもとうとうなくなりましたよし。本当にお気の毒な事でした。もう漢口を立つ時によほど悪かったものでしょうね。前便に書きましたように、大杉の方からはそれについては何も聞けませんので分りませんが、遺骸の仕末などはどうなるのでございましょう。何事もお春さんの御厄介ですけれど。でもまあ、伸さんもおなじ旅先でもお姉さんの介抱が受けられただけしあわせでした。私どもも漢口辺で他人の中でなくなられたのでは心のこりもありますけれど。でも、何だかまだ本当になくなったという気持がいたしません。

注　大杉のすぐ下の弟・伸は、三菱合資会社の中国・漢口支店に勤務していたが、肺結核治療のため帰国途中の十月、上海の病院で死亡。当時、上海にいて看病した大杉の妹・春が知らせてきた。柴田菊は大杉の妹で、静岡市在住。

ロシアを通ってヨーロッパへ　橘あやめ宛　一九二三（大正十二）年一月十五日

お手紙を頂いて、すぐにお返事を書きましょうとおもいながら、ちょうど私は十月はじめに逗子の家を引き払って一ヶ月ばかり国へ帰ってこちらへ帰ったばかりでゴタゴタしていましたのに、引きつづいて大杉が少し遠い旅行に出るので準備をしたりいろいろして年の暮れと一しょに少しいそがしかったものですから気にかけながら失礼しました。

あなたもご無事で何よりです。宗《むね》坊ちゃんも大変丈夫そうに大きくおなりですのね。でもちっとも赤ちゃんのときとちがっていませんのね。まこに見せましたがもう忘れてしまっています。もっとも宗ちゃんの名はよくおぼえてはいるようですけれど。私たちの話でおぼえているので、本当に知っているのではないようです。まこも大きくなりました。三年ほど鎌倉と逗子にいましたのですっかり丈夫になりました。

大杉ももう今ではあなたなどはちょっとわからないほど肥って丈夫になっています。ロシアを通って、ヨーロッパの方に旅行に出かけました。大いそぎなので、来年の春には帰ってまいります。弱くなったのは私だけです。

伸さんは本当に可哀想なことをいたしました。用心しなければ二、三ヶ年内にぶり返すし、ぶり返せば駄目だと医者に注意はされていたのですけれど、何しろ食物の摂生という事はそばに誰かいて看ていなくてはむつかしいのですね。お骨が届きましたら、みんなで集《つど》って、本当に心持のよいお葬式をしたいとおもっています。

勇《いさむ》さんもお嫁さんができて落ちつきました。私はまだお嫁さんは見ませんけれど、勇さんは大変気に入っているようですから何よりです。進さんももうそろそろお嫁さがしをしてもいい頃かも知れません。

松枝さんも健康がよくないようで困りますのね。私の処の二番目の子が松枝さんの子になっています。もう今年五つになりました。時々たよりがあります。

あなたの事も始終うわさをしていましたけれど何しろおところがしれないし、勇さんへも進さんへもおたよりがないということ故、何かご都合のわるいことがあるのだろうとおもっていました。いろいろな事もありましたけれど、とにかくあなたを幸福にしたいという皆ののぞみからだったのですから、あなたが現在幸福でさえいらっしゃればみんなよろこんでいるのです。私もあなたにはずいぶんいろんな不満なおもいやつらい思いをおさせしたかもしれませんけれど、もう過去のこととして水にながして下さい。そして、時々おたよりして下さい。私もできるだけいたします。

子供の写真、沢山あるのですけれど、みんなうちで写しますので、種板だけで焼いたのが生憎《あいにく》ありません。ちょうど満六半歳のがありますからお目にかけます。そのうちもっといいのを焼いてお送りします。何分素人写真なので上手にはまいりません。

それから今日、あなたからお金が五十円ばかり届きましたがあれはどういうお金でしょうか。何か買物でもいたしますのですか。いずれなんとかおたよりはあることとおもいますが、とにかくつくのはつきました故、ご安心下さいまし。

注　大杉は九人兄弟の惣領で、弟が三人、妹が五人おり、あやめは一番下の妹。アメリカ・ポートランドにいる。帰国して、しばらく大杉・野枝の一家と同居したことがあり、野枝とも親しい。宗坊は、後に大杉・野枝とともに憲兵隊に殺害される一人息子の宗一《むねかず》のこと。

大杉はこのとき、国際無政府主義者大会に出席のため、フランスに向け航行中。「ロシアを通って」は、当局に知られないための用心で、偽情報である。勇は二番目の弟（筆者の父親）、進はその下の弟で神戸に居住。松枝は三番目の妹で中国・天津に居住。子がなく、大杉の二女・エマを養女として貰った。

大杉は来春帰る予定です　伊藤亀吉宛　一九二三年二月頃

久しくご無沙汰を致しました。その後皆様お変りもございませんか。叔母やエマがいろいろお世話になっている事と存じます。実はもっと早くおたより申し上げる筈のところ、実は私が突然帰りましたのは大杉外遊のためで、旧冬中はその準備に忙殺され、出立と同時に子供が代りばんこに病気を致しまして、一月中は人手なしのところに、赤ん坊の病気でほとんど不眠不休に続いて、雑誌の編輯《へんしゅう》という訳で、今までほとんど寸暇もない有様でしたので、気にかかりながらも失礼してしまいました。

大杉は旧冬中に立って、先月末ヨーロッパに到着しました筈で、来春帰る予定です。何分急の事でしたので、後々の事もろくに相談ができず、内外一切のことを委《まか》されていますので、今までの呑気に引きかえて急に責任が重くなり弱っています。［以下紛失してなし］

注　「叔母やエマがいろいろお世話に……」というのは、野枝は前年十月、エマとルイズを連れ、世話をする叔母・坂口モトと一緒に帰郷したのだが、翌月、ルイズだけを連れて帰った事情を指す。

主義として貯蓄などはできません　橘あやめ宛　一九二三年二月二十五日

お手紙ありがとう。それからお送りのお金もありがたく頂戴しました。宗《むね》坊ちゃんに何か送ってあげたいとおもっていますが、どんなものをお送りしていいか見当がつきません。何か欲しいとお思いになるものがありましたら何卒おしらせ下さい。

はやくにお手紙をさしあげようとおもっていましたけれど、昨年暮から大杉が旅行して、留守ですので、いろいろ用事がふえたのと子供が代りばんこに病気をしたりしていましたので、ついつい失礼しました、あしからず。

一昨日静岡のおきくさんが再渡米するお友達を送るとかで横浜にいらっしゃいましたので、お目にかかって来ました。あなたのおはなしもいろいろと出ました。私も留守になってからは気が張っているせいかまだ寝込むような事もなく、少し肥《ふと》ってまいりました位ですからこの分ならば、とおもっております。大杉はいま洋行中です。来年四、五月頃でないと帰ってまいりますまいとおもいます。

あなた方もご無事で三人で楽しく暮していらっしゃれさえすれば、日本へなぞ帰っていらっしゃることはありません。できるだけ長くいらした方がよろしいでしょう。日本へ帰ればいい事もある代りに煩《うる》さいこと不自由な事だらけです。まあまあよほどおいやにならぬ限りはそちらへいらっしゃる方がいいでしょう。体さえ丈夫ならばどこにいたっておなじことですからね。

私どもも、噂ほど金持では決してありません。相変らずの貧乏ですけれど、それでも、とにかくまあたべるのに困るというような事はありませんからご安心下さい。私どもはどれだけ金がはいっても足りないのですし、主義として貯蓄するなどという事はできませんから月に千円はいろうと千五百円はいろうと、はいるだけは出す途《みち》をこしらえて行くのですから財産などというものはできっこはありません。しかし、今のところでは、とにかくあなたを心配おさせするほど貧乏ではありませんから何卒ご安心下さい。あなたのお写真も送って下さい。私も去年から洋服を着ています。買い物もお願いしたいのですが、何しろ送って頂くのに厄介ですからね。今のところ、大抵のものは横浜で間に合わせています。

日本の食べものか何かで欲しいとお思いになるものがあれば何卒遠慮なく仰って下さい。すぐにお送りしますから。勇さんのお嫁さんもなかなか活発ないい人らしいようです。まだ私も一度きりでよくわかりませんが。

また今度かきます。あなたも本当におりおりおたより下さいませ。

Oが捕まったという通信　林倭衛宛　一九二三年五月十七日

久しぶりのお手紙拝見。三月末リヨンからたよりがあって、それでほぼあなたの消息も分っていました。でも、お体のいいのは何よりです。私もひとりで留守をしている間にすっかり肥《ふと》りました。

なかなかお帰りになりそうもないようですね。しかし、帰れる手筈がついたら、つまらなくそちらにいらっしゃるよりは早く帰っていらっしゃい。あなたも、今度はいい事が待っているかも知れませんよ。もうお互いに三十になるのですね。ちょっと考えますね。二、三日前の新聞で見ると、二科会と春陽会で、あなたをひっぱりだこにしているようですね。あなたも、すばらしい人気者になったわけですね。あんまり出鱈目をやらないで描いていらっしゃい。

半月ばかり前に浅枝*さんがひょっこり出て来ました。もう七、八年目ですねと云ったら苦笑していました。あの人も随分フケましたよ。びっくりする位に。

あなたも、今度はちっとは苦労しましたか。お金が大ぶ不自由のようなお話ですのね。これだけはどうも私どもの力の及ばない事ですから、いい知慧も出ませんけれど、何しろ、いやになったらさっさと帰っていらっしゃい。やっぱり日本人だから、日本での方がいい事が待っている可能性がありますよ。若い女の人達もこの一、二年の間にびっくりするほどキレイになりましたよ。私はしばらくひっこんでいましたけれど、今度東京に住んでみてつくづくそう思いました。

あなたのわるい噂なんて、何も聞きませんよ。もっとも、パリでは、酒と女とケンカで暮していらしたという事は聞きましたが、そんな事は格別悪事でもないようですね。私は、あなたが人殺しをしたって聞いても、別に驚きはしませんよ。「信じやしないと思うから」なんて、つまらない事を云っちゃいけません。あなたがたとえ絵が描けなくなったって、どんなになったって、私どもだけはちゃんとあなたを知っています。つまらない事を気にするひまに、いいけしきでも楽しんで見ていらっしゃい。絵なんか、描けない時に無理に描く事はありません。あなたも、一枚のお土産絵を持たずに帰って来た、なんて事になるとちょっと痛快ですけれどね。やっぱり正直に描こうとしているのでしょう。

O〔大杉〕がメーデーにパリで捕まったという通信がこちらの新聞にありました。いろんな事情からおして多分本当だろうと思いますの。それで、リベルテール*の方からもなんとか云って来てくれる事と思って、実は待っているのですが、何の沙汰もなし、新聞にもその後なんの通信もはいらないという事です。もちろん放還される事と思いますが、でも、何かの理由でしばらくでも牢にでも入れられる事も、ないとは云えません。事情がいくらか分るようでしたら、知らして下さいませんか。

それと、五月七日に正金銀行から二百円だけ電報為替でリベルテール社内エイ・オスギとして送りました。その金、本人の手に入っているかどうかを知らして頂きたいのです。その金は日仏銀行支払となっています。リベルテールは、前とアドレスが違っています。あなたがパリにいらっしゃらないとすれば、厄介ですが誰か知人の方にでも頼んで、日仏銀行を調べてもらって下さい。送ってよこす通信がまるで来ないので、金もなかなか送れません。捕まった時には多分無一文だったのではあるまいかと思っています。
和田［久太郎］さんも、近藤［憲二］さんも、村木［源次郎］さんも、相変らずです。よそのグループには、どんどんと目まぐるしい変化がありますが、今度の社ばかりは十年一日で、そしてみんな若い若いと思っているうちに、いつかもう三十がらみの者ばかりになって、若い元気のいい人達から煙たがられはじめているのです。本当に今更ながら、月日というものは早いものですね。

今年二十九という私どもの同年はかなり多いので、今年の暮には、一つ三十代忌避の会でもしようではないかという相談が持ちあがっています。まだなかなかだと思っていた三十という年が、目の前までおし寄せて来たのです。本当にいやになりますね。

それから、五月中旬に着く筈の伏見丸で、二つの小包がリヨンに着きます。Oの体のなりゆき次第では、その処分もあなたにお願いします。

注　初めの「リヨンからのたより」は、大杉からの手紙。大杉は「日本脱出」後、二月十三日、マルセイユに上陸。三月以降、林とよく行動をともにしたが、五月一日、パリ郊外のサン・ドニのメーデー集会で演説し、逮捕された。ラ・サンテ刑務所に収監中なので、この手紙は大杉への通信を兼ねている。

＊浅枝さん――浅枝次朗。大杉らの平民講演会に参加していた同志で画家。

＊リベルテール社――フランス・パリにあり、アナキスト同盟の機関誌・週刊『リベルテール』と月

刊『アナキスト評論』を出している。編集部のコロメルが大杉に招請状を送った。

ミートゼリイとスープを　柴田菊宛　一九二三年六月二十五日

お手紙ありがとうございました。ルイズは、もうほとんどよくなりました故、御安心下さいまし。正二さんはいかがでございますか。

あやめさんも病院に落ちつかれましたよし安心いたしました。しかしあなたの処から遠いのに始終お出かけになるのもこれからのおあつい時には大変でございますね。

今日、ミートゼリイとスープを三色ばかり亀屋から送らせました。あやめさんはだいぶ好き嫌いが多いからどうかと思いますが、持っていってあげて下さいまし。もしお気に召すようでしたらまたお送りいたします。

一種類は固形になっておりますからお湯でとかすのです。ゼリイはちょっと冷蔵庫ででも冷やしてからあがる方がよろしいとおもいます。これはカルプス〔牛仔〕の足からとったので大変滋養にはなります。ミートエキスも、嫌いでなければ幾種類もありますから送りますけれど。

スープはお申し越しのようにしておつくりになれば申し分はあるまいと存じます。一番いいのはたべてはまずい爪のはえた鶏を骨ごとブツ切りにしてご飯を炊くお釜でもとるのですが、冷蔵庫ででも貯えておくとしても、大変ですからね、骨と臓物だけでも、かなりにいいのがとれようと思います。野菜はなるべくウラごしにしてスープの中に入れてポタージュにしてあげるとよろしいのですが。キャベジでもジャガイモでも豆類でも。それから鰹節のスープは何よりも胃腸にはよろしいのですが。

病院で食物の充分な世話をしてくれないのは本当に困りますね。何しろあの体で胃腸が弱くてはとても充分な健康の回復はできませんから、極力胃腸に気をつけなければいけませんね。胃腸が整って栄養が充分にとれさえすれば、あの位の程度なら、医者の手を借りずとも、ひとりでに、自分で体の調子をとる事を覚えて、なおしてしまえるのです。

それからあの位の病状では病院に長くいるのは考えものですから、何卒なるべくいい家が早く見つかりますようにお骨おりを願います。体をいたわるのは必要ですが、あまりに自分の体に臆病になり、自信をもつことができないのも困りものだと存じます。とにかくいい加減の時機には自分の意志を働かして病気に打ち克ってゆくことが大事なのですから。

胃腸の方が整いましたら、また送っておあげすることのできる食物もいろいろありますが、今のところでは流動食としては何にも思いつきがございません。スープやゼリイならば、いつでもお送りします。お気に召したらちょっとしらせて下さるよう、ついでにお申し添えを願います。とりいそぎ用事のみ、申しあげます。

末筆ながら柴田様へ何卒よろしく。

注　あやめは結核治療のため、宗一を連れて帰国し、静岡の姉・菊（大杉の次妹）の許で、伴野医院に入院している。宗一は横浜にいる兄・勇夫妻に預けた。

明日神戸まで行きます　橘あやめ宛　一九二三年七月十日

明日船がはいるので、神戸までゆきます。

いま途中です。

買いものがおくれてすみません。横浜へどうしてもゆけないので、絹紬は勇さんにたのんでおきました。

帯はどうしてもメリンスでは思わしい柄がないので、麻にしてみました。お気に入らなかったら遠慮なく返して下さい。買いかえます。これはメリンスよりは安く、四円八十銭です。メリンスでは六、七円くらいの間ですね。西川へゆけばメリンスもいろいろありますがこの二週間ばかりの間忙しくてどうしても出られなかったものですから。本当に、気に入らなかったら返して下さいよ。

お体お大事に。おきくさんにもよろしく。

神戸では進さんに会おうと思いますが、ところが分らないから、うまく会えるかどうか分りません。

注　大杉がフランスから帰国する船（箱根丸）は、十一日に神戸に入港する。その前日、駅での執筆か。あやめは、依然入院中である。

帯は届きましたか　橘あやめ宛　一九二三年七月十五日

九日の日に停車場から送った帯は届きましたか。ちょっとおしらせ下さい。病気の方はその後どうですか。勇さんが来ての話では宗坊の病気ももう大した事はないそうです。お菊さんは始終見えますか。何卒よろしく。

転居　橘あやめ宛　一九二三年八月八日

転居　東京市外淀橋町柏木三七一

宗坊の病気は大したことはないそうだから心配しずに、ご自分の体を大事になさい。いずれ勇さんのところへ行って様子を見てからおしらせしたいとおもいます。

注　前年十月に逗子を引き上げて、駒込片町の労働運動社に移住していたが、八月五日、淀橋町柏木に引っ越した。

東京の下町は全部焼けて　代準介宛　一九二三年九月三日

未曾有の大地震で東京はひっくりかえるような騒ぎです。しかし私どもは一家中無事ですからご安心下さい。恐ろしい地震につづいて三日にわたる火事で東京の下町は全部焼けてしまいましたそうです。火の手は私どもの家からもよく見えました。私どもも二日間は外にいました。今日は雨ですから家にはいっています。恐いのは食物のない事です。お米はもう玄米しかなくそれをやっと二斗手には入れましたが、それさえもあとはもうないのです。一升八十銭とか九十銭とか云っているそうです。何もかもまたたく間になくなってゆきます。ご都合がつきますならできるだけ早く白米を二、三俵か四、五俵、鉄道便で送って頂きとうございます。当分の間は恐ろしい食糧難が来るとおもいます。

注　関東大地震に遭い、余震を避けて二日間は外に避難。福岡にいる叔父の代準介に無事を知らせ、白米送付を依頼した手紙。

私どもは無事でしあわせです　伊藤亀吉宛　一九二三年九月三日

大変な大地震でしたが私どもは幸いにみんな無事でした。東京市中は三日にもわたって目貫きのところが全部焼けてしまいました。全くの野原です。私どもの方は市外なので火事をのがれたので無事にすんだのです。

それでもまだ揺れるのはやみません。二日はそとにいましたが今日は昼から雨で家の中にいます。もう心配はあるまいとおもいます。またくわしくはあとで手紙をかきます。とにかく私どもは無事で本当にしあわせです。

明日は行ってみます　柴田菊宛　一九二三年九月十五日

三日に書きました手紙はつきませんでしたでしょうね。

私どもは郊外で高台でしたので、地震の被害も大してては被らず、火事にもあいませんでしたのでみんな、まず無事でした。けれども、心配なのは勇さんの一家です。実は五日に事務所の方の人に頼んで横浜をさがしてもらいましたが、一昨日帰っての話に、まるで消息が分らないとのこと。それに川崎の会社は大分ひどく潰されているそうです。私の考えでは、みんな無事でいてくれたら、勇さんのこと故、きっと私の処まではなんとかたよりがある筈だとおもいますけれど、今日まで全く何のたよりもありません。富子さんと宗坊の方は如何《いかん》とも手の下しようがありませんけれども、せめては勇さんの消息をと思って大杉からは警察や新聞社方面へ頼んでいますが今だに分りません。

けれどもその悲観の中にも、ひょっとして、そちらへでも避難してみんな無事なのではあるまいかと僅かな希望につながれているのですけれど、どうなのでしょうか。もしご無事なら急いでおしらせ下さいませ。大杉が出かけられるといいのですが、あまり先へは出かけられないのです。戒厳令のおかげで、少し外を歩いたりするとじきに検束されますので。私はまだとても押しあいへし合いの汽車にはのれず、歩くこともできません――事務所の方の人達はみんな検束されてしまいますし、一昨日横浜から戻った人にもまだ会えないでただことづけを聞いただけなくらいで、その人ももちろんひっぱってゆかれたのだと思います。

そんなわけで勇さんの方は捜すにしても私どもとしては自ら手の出せない風なので、どうかして他でさがしてくれるのを願っているような訳なのです。京浜間の電車が通るようになったとかいう話ですから、二、三日したら女でものれるようになるかもしれませんから、そしたら出かけてみます。けれども、あなたの方へ無事避難してお出《いで》になればいいのですけれども、あやめさんがどんなにか心配してお出のことでしょう。みんなに怪我があったとは思いたくはありませんが、消息不明なので心配でなりません。

此度の地震と火事の災害は本当に恐ろしいものです。私の家でも二家族の避難者をひかえていますが、私どもも関係書店が全部滅茶々々なので、途方にくれております。一、二ヶ月はしなくては、方針も整理もつかないような風らしいので、にわかに貧乏でよわっています。何しろ米は玄米しか食べられません上に副食物といったら野菜だけ、乾物もカンヅメももう今ではまるで何にもありませんし、子供らのおやつのお菓子にも困るほどで、大人はまだいいのですが可愛想なのは子供らです。

本当にそれはミジメなものです。けれども焼け出されたり一家離散したり怪我をした人々から見れば私どもは本当にしあわせだとおもいます。

何にしても私どもの今の一番の憂慮の種は勇さん一家、ことに宗坊の消息についてのあやめさんの心配をおもいますとたまりません。

勇さんの処も家はもちろん焼けてしまっているのでしょう。

三、四日横浜にいて、戸部の警察で充分調べて来たのでしょうとおもいますが、どこへ避難していなさるのでしょう。川崎工場もまるで滅茶に潰れているのですから無事であれば、よほどのしあわせです。しかし此度の地震では落ちついた人の方がよほどひどい目にあっているようですから心配でなりません。それでもいろんな話を聞くうちには不思議な助かり方をした方が多いのでそういう風にして運よくどこかで助かってお出なのかもしれないとおもったり、毎日ああかこうかと悩まされております。

もしいよいよあなたの方へも避難してお出でないとしましたら恐れ入りますけれど、電報ででも進さんを呼んで頂けますまいか。そしてあの人に少ししっかりさがしてもらうほかはないと思います。中央線を来れば少しの徒歩連絡で来られるようですから。何だか、書きたいことは山ほどあるような気持がしますが今はまずとりあえず要事だけ。

それからもし、勇さん一家がそちらへも行っていないとしましても、あやめさんにはなるべく力を落さないように、はっきりと分りますまではなるべく希望を持っているようにあなたから力をつけてあげて下さい。お願いします。（九月十三日）

この手紙を出さないうちに勇さんのたよりがありました。みんな無事で鶴見に避難しているそうです。私どもも明日は行ってみます。何よりも、二人の着物を都合してあげて下さい。宗坊の着物をと思いますが私の方ではどうにもできません。また富子さんの着物も、私は避難者の家族にあてがって何にも残っていないで洋服でいますので困ります。でき得るだけはやく着物をおねがいします。

ではまた書きます。勇さんの処は、

神奈川県橘樹《たちばな》郡鶴見町字岸一八五八

大高芳朗様方です。

注 大杉の弟・勇《いさむ》一家は横浜の激震地（西戸部町）に住んでいたので、安否を心配し、もしや静岡にと、十三日に書いた手紙。だが出さないうちに、勇から無事との知らせが届いて、末尾にそれを追伸した。勇は妻・富子とあやめの子・宗一とともに倒れた家から這い出て、野宿をしながら会社（川崎の東京電気、現・東芝）の同僚・大高を頼って鶴見に避難していた。無事の知らせを五日に投函したが、震災のための郵便事情で、配達は十五日だった。この手紙を出した後、野枝は神楽坂へ行って叢文閣の足助素一《あすけそいち》から二十円を借金。翌日、大杉とともに鶴見の勇一家を見舞いに出かけた。勇は借家していたが、不自由だろうからとあやめの子・宗一を連れて帰る。そして淀橋の家に着く直前、張っていた東京憲兵隊の甘粕大尉を隊長とする特高課の五人の兵士に、本部に連行され三人とも殺害されるのである。

この手紙は、「三人を殺害」の報道が解禁になった翌日（十月九日）の東京日日新聞に全文が掲載され、その後『大杉栄全集』第四巻ほか、研究誌等に所収。また梯久美子『百年の手紙――日本人が遺したことば』（岩波新書、二〇一三年）などに取り上げられた。

II　著作中の手紙

伊藤野枝の著作には、書簡の形で記述した評論がいくつもあるが、それとは別に、私信が本人や親しい人の作品に引用されるなどして、発表されたものもある。他の作者による引用書簡は、全集に収録されていないこともあり、この章では、そうした野枝の手紙を作品の梗概や解説を記述する中で紹介、収載した。

これらの手紙によって、強制結婚を嫌って辻潤との同棲に至ったこと、木村荘太との恋愛事件や、平塚らいてうから『青鞜』発行の譲渡を受けたこと、そして大杉栄との恋愛に進んだことの過程が語られる。いずれも野枝にとって正念場ともいえる局面での手紙である。

恋愛事件の顚末——伊藤野枝「動揺」から

「動揺」は、一九一三（大正二）年、木村荘太《そうた》との間に起こった恋愛事件を、平塚らいてうへの書簡という形で発表した作品。手紙の交換を主題にしており、中に野枝の荘太宛を四通（ほかに平塚らいてう宛一通）、そのまま引用している。作品は「始終を通じて全部偽らずに欺かずに」「事実の報告として発表」（「『動揺』について」）したと述べているから、手紙も原文どおりとみてよく、収載しておこう。

相手の荘太からは九通を受信して、これも全文を引用している。事件の経過を摘記するなかで、これらもごく一部を抄録する。二人はのちに、事件についてそれぞれに発表し、野枝は「動揺」を『青鞜』の、荘太は「牽引」の題で『生活』のいずれも八月号に掲載した。以下、「動揺」によって辿り、一部「牽引」も参照する。

木村荘太は当時二十四歳、前年に離婚。父親・荘平は牛鍋屋チェーン「いろは」二十二店を経営する実業家で、正妻のほか多数の愛人を支店に配置し、儲けた子の数は三十人。同母弟に木村荘八（画家）、異母弟に木村荘十（直木賞作家）、木村荘十二（映画監督）がいる。谷崎潤一郎らの第二次『新思潮』同人となり、作品を発表している。

彼は最近、何号か『青鞜』を読んだなかで「際だって若々しく、率直な文章を書き、かたわら翻訳もして」いる女性に惹かれた。その人にあてる気持で、女性観・恋愛観が一変し、自由恋愛の使徒になったなどの感想を『フューザン』六月号に「顫動《せんどう》」の題で書いている。
その女性が伊藤野枝。事件は荘太が野枝宛に手紙を送ったことから始まる。その第一信。
《拝啓　未知の私から手紙を差し上げる失礼をおゆるし下さい。さて先月の中程の金曜日に編輯所《へんしゅうじょ》へ上がってあなたをお訪ねしたのは、私でした。その日お留守でお会いする事が出来ずに帰ってからは私は今日まであなたを知るのはこの先自然の機会にまかせようと思っていました。……私はあなたの書かれるものの幼稚さがかなり純らしい処から出ているようなのを愛していています。そうしてあなたをいろいろ想像して見ています。……自分の気持が顧みて幾分ラブに似ている事を驚くのです。……私はこれからあなたの書かれるものを気長に見ていてあなたを知る事に勉めようかと思いましたが、私のあなたを知りたいという念は今やはりそれより些《すこ》し性急なのです。それでお手紙をさしあげる事にしました。……もしお会い下さるようでしたらご都合の時処をお知らせ願えば幸甚です。……六月八日夜》
この手紙を野枝は十三日に受け取り、「ハタと躓《つまず》いたような気持」がして、当惑する。同棲している辻潤との間には何の秘密もなかったが、見せるとどんな心持になるだろうかと思うと悩ましい。困ったものを貰ったという気がしたが、思いきって見せると「返事を書いたらよかろう」と言った。著作を通じて荘太を知っており、手紙も熱心に読んで返信を勧める。翌朝、野枝は返事を書いた。夕刻、辻（文中はすべてT）が帰宅するのを待って手紙を見せ、一緒に外出して投函。二、三日忘れたようになっていたが、辻はそのことで冗談を言ったりした。

荘太はその後友人から、中央新聞に載った野枝には後藤某という内縁の夫がいるという記事を知らされて当惑するが、相手が打ち明けたら、それに応じて自分を出せばよいと思う。

お望みにおまかせする事に決心　木村荘太宛　一九一三年六月十四日（野枝の第一信）

拝復、お手紙はたしかに拝見致しました。しばらく社の方へまいりませんでしたために お返事が後れまして申訳がございません。どうぞあしからずお許し下さい。

それから先日は社の方へわざわざお出下《いで》さいましたのに誠に失礼いたしました。実はお手紙を拝見しまして初めてそれと知りましたのでございます。お出下すって後、社の方へは二、三度まいりましたけれども、社に居る人が忘れていて、私にそう云ってくれませんでしたので、ちっとも存じませんでした。

お手紙を拝見して私はただはずかしう思いました。私の幼稚なつまらない感想でも読んで下さる方があるかと思いますとふしぎな気が致します。まだ私など他の人に手を引いて頂かなければ歩けない位の子供なのでございまして、これからすべての事について研究して行かなければなりませんので、本当は雑誌に麗々とあんな感想など書ける柄ではないのでございます。

私は、なるべく勉強したいと思っていましても、なまけてばかし居ますので、この上他人との交渉に忙しくなったりしてはとてもどうにも出来ませんから、なるべく止むを得ない少数の人との他はすべて交りを絶っているのです。いろいろの事で私は周囲の人と今は全く絶縁の形です。青鞜社の内部の四、五人の他は誰とも今のところ係わりたくないのでございます。

それで、私はあなたのお手紙を拝見していろいろ考えてみました。

あなたは私を知りたいと云っていらっしゃいます。そして私についていろいろの期待やなんかで待っていらっしゃるとそう思いますと、期待されるほどの何物をも持たない私は、やはり自然にお会いする機会を待ってお目にかかるのならまだしもですが、強いて機会をはやめるという事が何とはなしに避けたいようにも思いました。

しかしまた、まじめなあのお手紙を繰り返して考えてみますと、どうもやはりおことわりするという事がいかにも傲慢な礼を失した事のようにも思えてまいります。それで兎に角お目にかかった結果はどうなりますか分りませんが、お望みにおまかせする事に決心致しました。時間のご都合や何かも、あなたの方でおよろしい時にし、私の方はこの次の金曜をのぞく他さしつかえはございません。もしあなたの方のご都合では金曜日に社にお出下すってもさしつかえはございません。二十五、六日は大抵、校正に築地の文祥堂へまいります。校正も二時間位間をおいて出たり少しずつ出たりしますので割合にひまでございますから、印刷所の方がご都合がよかったら印刷所でもかまいません。その他は大抵ひまでございます。しかし今月は原稿の集まり方がおそうございましたら催促にまわったりしなければならないかも知れませんが、大抵は都合ができますから、あなたのご都合次第でお伺いします。

フューザンにおかきになりましたのを是非拝見したいと思っていますが、社に来ていませんので一寸《ちよつと》ついでがなくてまだ拝見しません。近いうちに拝見しようと存じます。

荘太は何度も読み、自由な書きぶりを好感。友人から耳にしたことは、考えなくなっていた。「こういう返事をよこす人だったのがただ嬉しかった」。荘太からの第二信。

《拝啓　お返事ありがたく拝見しました。それでは二十六日の午後に文祥堂へお伺いする事に致します。……私はほんとうにあなたの手紙を読む事を喜びました。あのお手紙で私にあなたのこれまでよりずっとハッキリ解ったように思われたからなのでした……『フューザン』が手許にありましたから同便にてお送りします。……六月十七日夜》

野枝は十八日、手紙に目を通すと、そのまま辻に渡した。「真実なある力がズーッと、よむ者に何の余地も残さずに迫って来るように」感じる。二十三日朝、今月は校正をはやく切り上げ、二十六日までかからないかもしれないと、はがきを出して文祥堂へ行くと、荘太から電話があった。今から行くという。やがて校正室で初対面の会話。荘太からは低い声で手紙を出した動機とか気持とか、野枝は『青鞜』での仕事や婦人問題のことなど、次第に話せるようになる。中央新聞の記事は全部偽りだと否定するが、辻との同棲は話す糸口が摑《つか》めないまま。「手紙にでも委《くわ》しく書こう」と過ぎてしまう。荘太には、野枝の大胆な口ぶりに、片のついた過去のことであるように思われてくる。別れ際の視線も好意と読んで、それから続けざまに手紙を送る。帰ってすぐに書いた荘太からの第三信。

《只今は失礼しました。……私はあなたが今日お会いしたあなたであることを喜びます。……私は今日まであなたがひょっとするとお一人の方ではないかも知れないという懸念に非常に悩まされていたのでした。……しかしそれでも自分はよいと思っていたのでした。……あなたの事をひとり心に生かすのみで充分自分が幸福になり得ると思っていたのでした。僕はあなたは少しも愛するものの心を掻き乱そうとなさる所を持っておいでになりません。……

あなたは今日僕をどうお考えになりましたか。私はもしもあなたに私をなお知ろうとなさるお心がありましたらばこの後もまたお会いする事をお許し下さるようにお願いしたいのです。……私はあなたを愛します、愛します愛します。その愛に自己が生きます世界が生きます、……》

と書きつつ、《あなたのお訳しなすったエレン・ケイは他の方の手になったと聞いた》ので、《お互いのこれからの交渉し方についてあなたと私の現在の境界をハッキリ確かめて》おくためにもお尋ねしたい、と伝える。

野枝はこれを読んで驚き、自分で言う機会を外したためにこういう手紙を書かせてしまったことを「大変に申訳のないような気がして……すぐと机に向かって返事を書いた」。辻との同棲、そうなるに至った経緯を正直に綴った。

お詫びしてお話いたします　木村荘太宛　一九一三年六月二十四日（野枝の第二信）

お手紙拝見いたしました。そして私はあのお手紙の全面に溢れたあなたの力強い真実に強く接しました。同時に私は何とも云えない形容のできない苦しい気持になりました。実は昨日お会いしましたとき私はもっとお話しなければならないいろいろなものを持っておりました。それはあなたがこの手紙をお書きになる前に知っておいて頂かねばならない事なのでした。昨日、あすこでお別れしまして後に私はかえったらすぐにそれらの事を書いてあなたにお送りしようと思ったのでございました。しかし昨夜はかなり労《つか》れていましたので何にも書けませんでした。そして今朝お手紙を拝見して私は本当にどうしていいか分らなくなりました。私はあなたに何とお詫びしたらよろしいのでございましょう。本当に私が気が弱かったために申し後れてしまいました。でも私は自分を偽るという事のできない者でございます。そしてまた人を欺く事もきらいでございます。私はおなじみの浅いあなたに対して申しあげる事ではないのでございますが、あなたをまじめな方だと信じてお話いたしたいと存じます。そしてそれは、あなたに一層私というものがハッキリとおわかりになるという事を信じます。

委《くわ》しくお話すれば随分長いのですけれど、くだらない事はぬきにしてお話いたします。昨日お会いしたあなたの目にはどううつりましたか存じませんが、小さいうちからいろいろな冷たい人の手から手にうつされて違った風習と各々の人の異った方針に教育された私はいろいろな事から自我の強い子でした。そして無意識ながらも習俗に対する反抗の念は十二、三才位からめぐんでいたのでございます。私は生れた家にも両親にも兄妹にも親しむ事のできない妙に偏った感情を持っているのです。十四、五位から私は叔父に監督されて勉強するようになりました。私の十七の夏、帰省しました時、私は意外にも結婚の話を持ち出されました。本当に意外なのです。もちろん私は断ってしまいました。しかしその時には既にもうすべての約束はすんでいたらしいのです。すべては叔父の専断でした。私は少しの猶予をも与えられず結婚を強制されたのです。のがるる事のできないと解ったときに私は周囲のすべての人を呪いながら炎《も》ゆるような憤怒と或る決心と共に式に連なりました。

私は私の夫となるべき人がいかなる性格を持った人か、いかなる履歴を持った人かも知りませんでした。姓名さえも私は知らなかったのです。勿論《もちろん》その人は私がすべてを捧げ得る人ではありませんでした。いかなる方面から云っても私とは反対の人らしく思われました。私は意地をはりぬいて、その人とはろくに口もきかずに直《す》ぐに上京を口実としてかえ

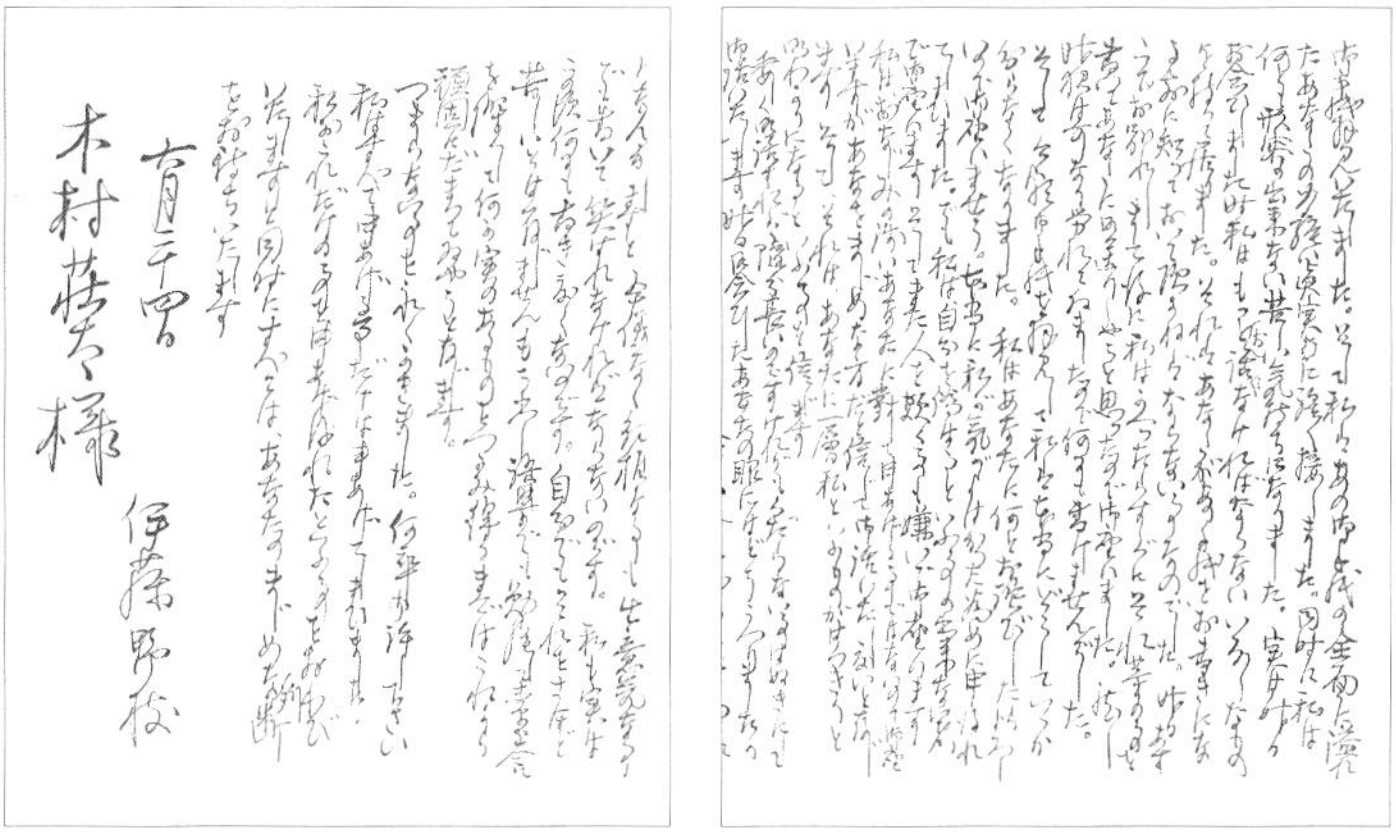

木村荘太宛書簡（冒頭と署名部分），1913年6月24日

りました。そしてとうとう帰校しました。しかしその時、私は五年でしたから卒業はすぐ目前にせまって参りました。卒業して後は無論知らない嫌やな家庭に入らねばなりません。私はただ一日一日とその日の近くなるのを恨みながら苦しい心持を抱いて学科の勉強さえも怠りがちでした。

いよいよ三月になったとき、私は国に帰るまいと決心したのですけれども、私の従姉《いとこ》が私と一緒に卒業して一緒に帰る事になっているのです。もちろん公然止《とど》まる事はできませんので、どうしても一度は東京を従姉と一緒に出なければなりません。そして途中で従姉から離れて、しばらくかくれようと思ったのです。そして非常に緊張しきって日を送りました。卒業試験もうやむやで終って二十六日が卒業式という事になりました。私はなるべくゆっくりしていろいろな準備をしておこうと思っていますと突然従姉の祖父がなくなったりして二十七日に帰らねばならないようになりました。私はもう何をする間もありませんでした。二十六日の夜は、私は体が裂けてもしまいそうな苦しい大擾乱の中に、泣く事もできない悲痛な気持でおそくまで学校に残りました。翌日たたなければなりません。

ちょうどその時、上野の竹の台では洋画家の日本画の展覧会と青木繁氏の遺作展覧会がやっていました。私はそのたつ日——二十七日——にすべての事をすててそれを見にゆきました。私のために一緒に行こうと云って一緒に行ってくれたのは学校の英語の先生でした。私は昨日一昨日あたりからの激動にわくわくしていましたので落ちついて見ていられませんでした。そしてそのかえりにはじめて何の前置もなしに激しい男の抱擁に会って私は自身が何かをも忘れてしまいました。惑乱に惑乱を重ねた私はおちつく事もできずにそのまま新橋にかけつけました。

新橋には多勢のお友達や下級の人たちが来ていました。従姉はさきに行っていましたが私のおそかったために汽車の時間には後れたのです。私は再び小石川まで帰ってまいりました。すべての事は私には夢中でした。何を考える事もできなかったのです。再びその夜十一時にたつ事にして新橋に行きました。私どもに絶えず厚意をもって下すった三人の先生がおそいのもかまわず送って下さいました。

汽車の中でだんだん落ちついて来ますといろいろな事、考えなければならない事が頭に一つ一つ浮かんで来ました。一番に浮かんだ事は昼間自分に対した男の態度です。私はそれが何だか多分の遊戯衝動を含んでいるようにも思われますのですが、また、何かのがれる事のできないものに捕えられているような力強さも感ぜられるのです。私はどうしていいか迷っているうちに汽車はずんずん進んで行って、もうのがれる事ができないようなはめになりました。

そうして仕方なしにとうとう帰りましたが帰ってもじっとしていられないのです。私はすべて私の全体が東京に残っている何物かに絶えず引っぱられているように思われて苦しみました。そして直ちに父の家を逐われて知らない嫌やな家に行かねばならないという苦痛も伴って、とうとう私はちょうど帰って九日目に家を出てしまったのです。しばらくの間、十里ばかりはなれた友達の家にいました。私は私の在校中にかなり私のために心を遣って下すった先生のお力によって上京しました。それまで私はその先生にすらそれらの事情をお話しなかったのです。そして私はさしあたり行く処がないので英語の先生のお宅にご厄介になっていろいろ相談しました。

国の方の騒ぎは予期以上に大きかったのです。そして騒ぎは学校にまで及んで、そのために私を助けて下すった二人の先生はかなりにご迷惑だったのです。そして私は、その時はもうはっきりした意識の下に男を愛していました。男も私を愛してくれました。私どもはこういう関係になってそれをだまっている訳には行かないようになりました。私どもはできるだけ卒直に教頭の先生まで打ち明けました。私は卒業するまでしばらくの間、教頭の先生のお宅にいて起き臥ししていましたので、かなりに話の分っている人だとも信じましたので――ところが私どものそのまじめな行為は認められないで、かえって一層誤解されて事はさらに面倒になりました。男は断然学校を辞してしまいました。もう一人の先生もおなじ行動をとると云っていらしたのですが、その先生はいろいろな事情でお止めにならなかったのです。その先生は私の在学中の担任の先生でした。

男は家に対して責任の多い体でした。母と妹を養わねばならない人でした。もちろん財産という程のものもないのです。すぐに生活にさしつかえるのです。その苦しい中にいて私はただその事件の解決を待ったのです。けれども六月になっても七月になっても駄目なのです。七月の末になって私は仕方がありませんから自身かえって解決して来ようと思ってまた帰ったのです。

帰ると私はその日からいろいろなものでひしひしと縛られ責められてのがれる道もないのです。私はただ「真」という一つを味方にしていろいろな試みを目を瞑《つむ》って受けました。けれども後から後からといろんなものに逐われて私は極度に疲れてしまって体さえ健康を害してしまったのです。しかも周囲の者はなお惨酷に肉親の恩愛や義理人情などいうものでひしひしと責めるのです。私は幾度か絶望に絶望を重ねて死を決心しました。けれどもその度にたった一つの私の愛はなお深く深く心の奥に喰い入って力強い執着となって、私のすべてを支配するような事になって来て苦しみ悶えながら死ねないのです。私は到底ただでは打ち勝てないと思いましたので、とうとう周囲を欺いて安神《あんしん》させて油断を見て再び上京しました。去年の十一月なのです。そして今度はしばらく国の方へはたよりをせずにいました。しかし事件は私が再度の家出後すぐに解決したそうです。この間父から知らせてよこしました。それでようよう国ともたよりをし合うようになったのでございます。

中央新聞で書いた事は全く事実と相違の点がございますが、私がいまその男と同棲している事は事実なのでございます。私どもは去年と今年とずいぶんひどい目にも会いました。今でもあいつづけています。しかしそうした周囲の事情が一層私どもの結合を固くして、いま私どもは離れる事のできないものなのでございます。（私は真面目にお話ししているのですが、もしあなたにご不快を与えるような失礼な書き方ではないかと気がつきました。もしそうでしたらお許し下さいまし）それで実は、私はあなたの最初のお手紙を拝見しました時に大変困ったのです。それであなたに対しては如何《いかが》かと存じましたが、とにかく男にあなたのお手紙を示して相談いたしました。そしますと男は私より以上に、よくあなたを存じております。あなたのお書きになるものを透《とう》してですけれども――そしてあなたが大変真面目な方であるらしいという事やそれからいろいろその他自分で知っているだけの事を並べて私に説明してくれて、すぐにお返事を書くようにとすすめてくれました。それでとにかくお目にかかった上ですべてお話しようと存じましたのです。そして私はあなたが私の思ったように真面目な方であったら、私の話をそう気持悪くしてお聞きになるような事はあるまいと思うのでございました。

私は今日のあなたのお手紙を拝見してなぜお目に懸ったろうという事をしみじみと思いました。でももしあなたがお許しになるならば私はこのまま意味もなくお別れするよりも親しいお友達としてお交りして頂きたいと思います。そうしてその上にもなお御許し下されば私の半身である男にもお会い下さればどんなに幸いでしょう。

私は今日のあなたのお手紙の一字一句をも深い理解と同情をもって悉《ことごと》くうけ入れる事ができる力強さを持っております。自信がございます。それだけにまた苦しうございます。私は何だか犯すべからざる他人《ひと》の心をみだりに犯したというその罪が私には背負いきれぬほどの罪に思えてなりません。私はあなたがどんなにお怒りになってもどうお詫びしていいか分りません。

それからエレン・ケイの翻訳のこと、もちろん私の極《ご》くまずしい語学の力で完成する筈はありません。たしかに男の力によるのです。私もできるだけ勉強して他人の力などによらず自分でできるようにしたいと心がけて勉強しています。私は決してそれをかくしたり偽ったりはしません。私の力の足りない間はそれも仕方がありません、私はどなたかいけないとでも仰れば自分一人でできるまでは決して致しません。ああいう六《むつ》ヶ《か》しい翻訳の私にできないという事はたぶんどなたもご承知だろうと存じます。

生田先生はよくそんなような事にばかり注意していらっしゃると見えますね。新年号の中央公論に平塚さんの書いた新しい女というのも実は私が平塚さんに話して上げた事があるのだというような事を仰ったという事もいつか一寸《ちょつと》他で聞きました。

やはり、私が力以上に出すぎるのがいけないのでございましょう。私も本当に何にも分らない何にも知らないくせに青鞜に書いたりするのは僭越だとは知っていますが、ああして内部にいて編輯《へんしゅう》の手伝いなんかしますと原稿が足りなかったりして余儀なく幼稚な事も生意気な事も書いては笑われなければならないのです。私も実はこの頃、何にも書きたくないのです。自分でもそれをさほど苦しいとは存じません。もう少し語学でも勉強して素養を深くして何か実のあるものをつかみ得るまでは、これから頑固にだまっていようと思います。

つまらない事を長く書きました。何卒お許し下さい。私はすべて申しあげる事だけは申し上げてしまいましたから、私がこれだけの事を申し後れたという事をお詫びいたしますと同時にすべてはあなたのまじめな判断をお待ちいたします。

書き終えて、翻訳のことを漏らした生田長江のことなど考えごとをしていると、荘太からの後便（第四信）が来た。

《……あなたは自分が避けたいとしても避け得ない一種の力をご存じですか。それは自然の力です。その自然の不可抗の力に全力でぶつかる処にその人の生活が生まれます。真の力が生まれます。僕は今その力に面している事を感じます……
私には近くにあなたにお目に懸りたいという気が頻《しき》りにします……二十三日夜》

読んで野枝は「何だか恐ろしく」なる。たった一度会った人が「思いがけなく嵐のように襲って来て、平らな生活を、掻き乱しはじめた」ことが腹立たしく、また「何かにしっかりと抱きすくめられてしまったような」苦しい気もしてきた。堪らなくなって小母《おば》さん（保持研子《やすもちよしこ》）を訪ね、話をする。帰ると辻が野枝の書いた返事を険しい顔をして読んでいる。二人とも沈黙。野枝が「怒っているんですか」と紙に書くと、辻は「僕は何にも別に怒ってはいない……ただおまえの昨日の態度の明瞭でなかったのが遺憾だ」と返した。野枝は何も言えず、返事を書き換えようと思う。辻は書くならもっと簡単に書いたらいいだろうと注意した。

翌朝、荘太から追いかけるようにしてまた手紙（第五信）が届いた。

《……昨日はほんとに何にも言い足りないばかりでした。……

私は今はこの上あなたを知ろうとするより自分を一層完全にあなたにお知らせしたく思っています。直接に言います。私は烈《はげ》しくあなたを恋するようになるかもしれないと思います。……

……あなたはあなたの御心をどうか恐れずに自然にお育てなすって下さい。そして私の注ぐ処のものをお受けになってください。……二十四日ひる》

出がけに目を通した手紙を、野枝は文祥堂の二階でもう一度読むと、動揺はさらに進む。

「木村氏はやはり、Tとおんなじに私を愛して下さるのだ。私はその愛をだまって、知らない顔しては却《しりぞ》け得ない。しかし私は同時に、二人の人を愛するという事もできないし二人の愛を同時に知らない顔で受くる事もできない。……やはり木村氏を却けるより仕方がない。しかし苦しい」

ようようの思いで帰り着くと、辻は留守で、机にはまた手紙（第六信）が乗っている。

《今日私は少し苦しみ始めました。よくよく反省すれば僕の心の中には強くあなたを得たいという願いが潜んでいるのを知ったからなのです。……

……もしかして先々に僕にあなたの愛が得られる日があれば、さればあなたの持っていられるいいもののチャアムがただにあなたにのみでなく僕の為にもいいものになって成長すると信じているのです。その牽引は神秘です……二十五日朝》

気持は「嵐のように」乱れるが、それを鎮めるのでもなく、「夢中にペンをとって」書いた。

誰があなたの愛を却け得ましょう　木村荘太宛　二十五日夜九時（野枝の第三信）
私はいま疲れ労《つか》れて帰って来ました。昨朝あなたのお手紙を拝見して書いた返事を持って今日一日迷いました。私はあなたのその次のお手紙に対しても、それから麹町のお宿からのお手紙を今朝うけとりましても、何にも書く事ができませんでした。昨日一日、私は午前に書いた返事をもって苦しみました。今日はかなりに疲れていましたが、それでも校正に行かねばなりませんでした。私はまた返事をもって文祥堂に出掛けました。あの二階で何かもっと書いてからと思いまして、――でも何にも書けませんでした。私の頭はあなたの事で一ぱいになっておりました。校正もおちついては出来ませんでした。私はいくら落ちつこうと思っても駄目でした。小林さんと、岩野さんがそのうちに来ました。私は二人とお話するのさえ物憂く思われました。それに校正はいつもより沢山出ました。私は疲れ切って文祥堂を出ました。

そして今日もやはり二人に引っぱられて、一昨日歩きました処を歩いて銀座に出て、通りをまっすぐに日本橋まで歩いて、そこから電車で帰ってまいりました。帰りますと机の上にあなたのお手紙が待っていました。私はもうどうしていいか分りません。私はあなたのお言葉の一句一句も気が遠くなるほどの力強さを覚えます。こんな真実な、そして力強い愛を語られる私は本当に幸福だとしみじみ思います。けれども私は本当に、それと同時に心からおわびしなければなりません。私の一昨日の態度――あなたに対する――それの本当に鮮明でなかった事をおわびします。私は昨朝の手紙をかきますとき、ただあわてておりました。ああ誰が――あなたの愛を却《しりぞ》け得ましょう。私は心からあなたを愛します。本当に、本当に心から――しかし私は自分を偽りたくはございません。

また同時に他人をも欺きたくはないのです。苦しい心をおさえてあれだけ書きました。

そして二信を拝見しましたときに私はもうどうしていいか分らなくなってしまいました。お返事の後れたのはそのためなのです。何卒あしからずお許し下さい。もう私には、何にも書けません。この上何が書けましょう。すべての判断解決はまじめなあなたにおまかせ致します。何卒々々お許し下さいまし。私はあなたのいまの静かな明るいお心持を少しでも揺るがすという事を大変に情けなく思います。もう書けませんから失礼いたします。

書き終えると読み返しもせず、前日書いたのと一緒に封じた。翌日も文祥堂での校正があり、手紙を投函。仕事は早く済んで、親友の小林哥津《かつ》と出て、彼女の家に寄り、二人で神楽坂の縁日に行った。帰宅するとまたも書状（第七信）。辻から渡される。

《……もしもあなたと僕との関係がオオル・オア・ナッシングのものだとすれば私は非常に淋しく思います……

強いお互いのラブがないのに一人が一人の愛を乞うという形式を堪えがたく思います。どんなに一人のその愛が強くあっても純であっても、私は手紙であなたにこうしていろいろお話するのが明日にも最後になりそうな気がすると共にいつまでそれが続くか解らぬような気がします……二十五日夜半》

野枝は「これほどまでに鋭敏に、あの人の神経が私の上に働いているかと思いますとぞっと」する。翌朝、「期待した手紙」（第八信）が投げ込まれる。

《お手紙只今拝見しました。元より予想していた事です。しかし何にも悪い事はありません。あなたが過日の会合の日に私にあの事を話さなかったのが悪かったと言ってご自身を責められるなら、私もまず第一にその事を伺わなかった自分を責めなければなりません。……この事の為に私は打撃を受けるでしょう。今もうすでに受けています。けれども私は育ちます。心に涙を一ぱいためて育ちます。……

……私は自分が今この激動をたたえたままにあなたとその方にお会いする事は少なくともお互いの幸福に資する道ではないように思いますから暫《しばら》くはなれて居ようと思います。……もしもあなたの心に少しでも傷がついたらその傷を癒やす力はその方の手中にあります。……あなたの幸福を祈ります。――二十六日午後お手紙を拝見してすぐ――》

読んで、よかったと思うとともに、気の毒なような、また悲しいさびしい気がする。自分にも荘太への恋があったと思うと、情けない気もしてくる。このまま別れるのが最上だが、その恋愛かと思えることが、今後辻との間に気まずいことが起こったときに、頭をもたげることが考えられる。もう一度会って、得心が行くような解決をつけようと思った。いきなり筆をとって書きつける。

もう一度お会いしたい　木村荘太宛　二十七日（野枝の第四信）

昨日文祥堂からあの手紙を出しましてから、私は一寸《ちょっと》の間も静かな落ちついた気持でいる事ができませんでした。いま拝見しました手紙をどんな恐ろしい不安にかられて待ちましたでしょう。

木村様、私はもうあれ以上に申しあぐる何物をも持ちません。この手紙を拝見しては何にも申しあげられません。けれども私は何だか、ただだまっていられないような気が致します。けれども今私は何を申しあげようとしているのでしょう。自分でも何だか分りません。お許し下さいまし。私はこのままあなたと離れてゆく事が非常に哀《かな》しく思われます。私はあなたにおあいしてから、すっかり平静を破られてしまいました。私はいま一人でじっとしていられません。私はあなたにどうしてももう一度お会いしたいと思います。激した私の今の心は何にもお話なんか出来ないかもしれませんけれども、どうしてもお目に懸りたく思います。でもそれがあなたにさらに打撃を加えるものでございましたら、あきらめて自然の機会をまちます。ああ私は今あなたに何を申しあげようとするのでしょう。私は自分が分らなくなりました。やはり私が悪かったのです。本当に何卒お許し下さいまし。

昨日麹町までまいりましたからお目に懸りたいと思いましたけれども、あの辺は不案内でちっとも分りません——それに丁度あの手紙がお手許に届いたと思われる時でしたから私はすぐに帰ってまいりました。何だかちっとも落ちつけませんので、何を書いているのやら自分でも分りません。何卒よろしくご推読下さいまし。私はもう苦しくてたまりません。もしもう一度お目にかかる事ができれば少しはしずめる事ができるかと思います。乱筆お許し下さいまし。

すぐに投函した。夕刻、辻が帰宅すると、荘太の手紙は見せたが、返事を出したことは言いそびれてしまう。翌朝、荘太からの手紙が届いた。野枝の手紙への返事にしては早い。《昂奮し激動しつつ書いた手紙で終わらせたくない》のでという長文の後便（第九信）であった。

《……私は蘇る思いです。あなたと、あなたの方とそれから私とこの三人の関係が今私にはハッキリと解るのです。……私のあなたに懐《いだ》いたラブはもう終わりました。……

……私はこの短いあなたとのラブに生き得た自己を決して不幸だとは思いません。――特にあの最後の原稿紙に書かれたお手紙に接することを得た私は。――私は自分を祝福します。……

……二十六日夜半》

辻への手紙も同封されている。

《拝啓　未知の私からして、あなたにこの度の一切の事をお詫び申し上げます。私は私の手紙と、それから野枝さんの理解を透した経過のいきさつによって私があなたにもまた理解して頂ける事を信じようと致しております。そうしてあなたが最初から私を信じていて下すった事をこの上なく感謝いたします。今私には私《ひそ》かにあなたの信認に背かなかったと言うだけの自信があります。……》

野枝はしんみりと静かな気持になり、荘太を尊敬すべき真率な人と思えて心なごむが、ふと昨日出した自分の手紙には荒れた感情がそのまま出ていなかったか、辻に隠しておいたことがどう思われるか、不安になる。

音楽会から帰ると辻は手紙を読み、果たして「お前は私に見せない手紙を木村さんに出したね」と詰めるように言う。出したけれど、何を書いたかは忘れたと、その場は「誤魔化した」。

翌日、辻が出た後、荘太から「キョウゼヒキテクダサイ」と電報。当惑しつつも自分さえ確かならと会いに行く。途中、めまいや頭痛がして小母さん（保持）の家でしばらく休憩。四時過ぎに出て、平河町の家に着くと荘太は留守で、置き手紙があり、《私はあなたの処へ行きます。もしお出で下すったのなら、誠に相済みませんが少々お待ちなすって下さい。ふたりは大変な運命の途にいるのですから必ずお待ち下さい。……》と。

野枝が待つ間、彼は染井の家で辻と会った。辻は原稿紙に綴った荘太宛の返事と、前年帰郷中の野枝に宛てた書きものとを見せた。読み終わるとすぐに戻り、七時ころに帰って来た。落ち着かない様子で、口早に話し始めた。野枝の最後の手紙に「二十九日か三十日にお待ちします」と返事をしたが、来ないので電報をうったという。野枝の手紙は強い意味に解されて、気持を動かしてしまい、いろいろと口説いて迫ってくる。が、自分の生活は辻をおいてはないことを伝え、黙って聞いた。明日にも辻と二人で来て、彼の前ですべてを話そうとも思う。十時ころ辞去。

帰ると、辻の眼にはげしい憤り。なじられて泣き伏す。やがて彼は書いたものを枕元に置いた。「……おまえの態度について非常に不満である。……今夜私はおまえの真実を聞きたい……」などと書いてある。野枝は、辻が今心からにくらしそうに怒っているから、何を言っても解ってはくれないような気がする、明日まで待ってほしいと言い、泣き寝入る。

翌日は昼頃起きて、辻が帰るまでに何か書いておこうとするが、書けず、まずは父宛の手紙を書き、らいてうからの絵はがきが届いていたので、返信を書いた。

例の事件で苦しめられています　平塚らいてう宛　七月一日

おはがきうれしく拝見。随分待ちました。校正は二十六日にすみました。あなたからたのまれた事は二十五日に文祥堂に岩野さんが見えましたので話しました。そしてまだ実ははやく行かねばならないのに行かれないのです。今日あたり行こうと思っています。雑誌がまだ出来ないので出来しだい、Hさんの処へお送りしようと思っています。

私もこの頃、例の事件で苦しめられているのです。私はどうしていいか分らない。ずいぶん困った事になったのです。

私は身のおき場もないようなんです。本当に困ったことになりました。

（中略）私の目からは今のT〔辻潤〕もK〔木村〕もおんなじように真面目であり、そしてパッショネエトな点においては変らないのです。そして、TとKとが相互に理解し合って明るい感情をもっているだけ私が一番苦しい処にたっています。ことにKの周囲が極端に緊張しているせいか、Kの感激が非常なものです。Tはただだまって私を見ています。私はTとはなれるという事は非常な大変な大問題です。Kを拒む事にも努力を要します。しかし解決は非常に急ぐのです。多分あなたが山からお降りになる頃は片がついているでしょう。あなたの山でのすっきりした気持のはなしを、あわただしい心持で聞きたくないと思います。私も山へでも逃げ出したくなりました。あの絵葉書は大変気に入りました。閑古鳥のなくのはまだ一度も聞いた事がありません。いいはなしを沢山に願います。さよなら。

夕刻、辻が帰って来て、一悶着の末、白紙に鉛筆で細かく書いたものを渡した。野枝への不満が細々と記してあって、

「……私は幾度も自分の心に湧き上がってくるあさましい嫉妬を消そうと試みた。しかしそれは無駄であった。……私はお前の心がはっきり知りたかった。……私とおまえの間は絶対でなければならない。……」などと、原稿用紙なら六枚超書いてある。

野枝は途中までで耐えられず、鉛筆を持って書いた。やはり長文になった。最後の手紙についての釈明と会いに行った経緯、荘太の話への対応。そして最後に、

「……私はいまあなたからはなれて行く位なら生きていない方がましです。生きられません。どうにでもしてください。……木村さんの処へは今夜行ってもかまいませんけれど私はまだ激していますから少ししずかになっていきましょう」

「おまえの態度はよく分かった。しかしおまえが俺に対して与えた傷は容易に癒やされそうもない。また私の木村氏に対する感情も余程変わったものになって来た……」

「……出来れば今夜、しかし留守だといけないから明朝早く行こう……」

「おまえは会って木村氏が何と言ってもハッキリ拒絶する勇気があるか」

「きっとあります」

と収まって、翌日、二人で訪問。辻は昨夜遅くまで起きて書いたものを木村に渡し、「兎に角この事件の解決は昨晩私ども二人の間だけではついたのです」と言い、野枝に「お話したらいいだろう」と促した。荘太は辻の書いたものに目を通していたが、辻が席をはずしたときに、どう解決がついたのか尋ねるので、

「やはり、私とTとは離れることができないのです。それに一等おしまいの手紙を書いた気持がすこしはぐれていましたので」とだけ応えた。

辻と荘太との会話では、野枝が辻に見せなかった二通の手紙が問題であった。野枝も自分の態度が「グラグラ動いて……慎重を欠いていたのが一番悪いのです」と自覚している。辻に見せることになったが、荘太の弟（荘八）に預けてあるという。野枝は急に腹が立った。これまでのことは自分の物語をつくる為の浅い処から出たのではないかと思う。赤坂まで歩き、辻が手紙を見てから野枝に渡す。野枝は激しい文句に驚くが、

「この二通とも書いた気持は本当です。決して虚偽ではありません」と言った。辻はさほど怒

った気色ではない。荘太の目は怒気を含んで光り、「侮辱せずにはいられません」と叫んだが、野枝の気持は落ち着いており、「笑いたいような気分」だった。

事件はこれで終幕となったが、この一件を荘太が書き始めていると知り、それがどんな誤解を招くかもしれないので、「私はありのまま少しの虚偽もまじえずにこれだけ書いて見ました」と締めくくった。稿末日付は一九一三（大正二）年七月二十七日。

【解題】この恋愛事件は、双方が発表して、新聞にも取り上げられ、時事新報は「別れたる恋人に対する心持」の題で、都新聞は「新しい女の恋——木村荘太と伊藤野枝」として、八月にいずれも三回掲載した。荘太が寄席の新講談で演じられていると聞き、外を歩くのも「憚《はばか》られる気がされた」と書いたくらいで、ゴシップとしても広まった。野枝は時事新報の三回目に載った「『動揺』に就いて」で、事件について、

「……この事について馬鹿な事をしたともつまらない事をしたとも思いません。自分自身で進むべき一の機会を与えられたのだと思っています。僅かの間に私はこの事件にあたった為めにいろいろ自分を恵む者にぶつかった事を感じます」

と総括し、恵みとして前向きに捉えた。

荘太のように小説としてではなく、平塚らいてう宛「事実の報告」という形をとった。野枝の主観を通したものだが、自らを内観し、感情の動きや振舞いの細部にも行き届いて、作家と

しての才能を感じさせる。

らいてうは「後であなたのご批評でも伺うことが出来れば大変うれしい」との要望に応え、『青鞜』十一月号に「『動揺』に現れた野枝さん」と題して詳細な批評を書いた。一時的な激情に発した盲目的な行為だが、どこか可愛らしい、真実の力を思わせるいいところも多かった、と見るいっぽう、「男の愛の蔭に、その力の下に蔽われて生きようとするコンヴェンショナル（因習的）な女の面影が残っている」と自律性を問い、事件の解決を辻に委ねた仕方などを「少し恥ずかしいものではないか」と批判している。

野枝から聞いたという高い櫓から海に飛び込む話は、この度の行動に通じるところがあるので、横道に逸れるが引いておこう。

「海辺に育った野枝さんは水泳が上手で男子に交って遠泳の競争もできるのだそうだが、殊《こと》に眼まいのするような高い櫓から水の中に飛び込むことのできるということは野枝さんのひそかに得意としているところらしい。最初それを練習する時はいくら飛び込もう飛び込もうと思っても足がすくんでどうしても思いきって飛び込めない。けれどいったん櫓に登ったが最後もう梯子《はしご》を取られてしまうから二度と下りてくることはできないことになっているので、死んだ気になって飛び込んでしまうのだというような話をいつか野枝さんから聞いたように記憶しているが、どうも野枝さんのやるところを見ているとそれによく似たところがあるようなのは面白い」

荘太は「牽引」の終わりに「僕はあなたを蔑視して棄てます」と書いたが、事件のことは強く残り、一九五〇（昭和二十五）年に執筆した自伝『魔の宴』に、六十三ページを費やし、ハイライトのように再現している。棄てていないことを、当時交友のあった武者小路実篤から貫ったはがきが、はっきりさせたという。双方の作品について批評があり、「しまいには同情が欠けていると思う。あすこまで行ったのなら、双方に愛はつづいて残ると思うべきである」などと直観的な文章であった。「私はガンと、これで参った」ことを強調し、「私のほうには愛が残ったからである」と吐露する。そしてドンファン的な意識への反省。荘太にとっては、重要な契機となり、野枝が「自分の物語をつくる為ではないか」と思ったよりはるかに深い刻印を残した。

それ故、野枝がこの後、遭遇した二つの大きな事件は、荘太の心中を襲った。衝撃を『魔の宴』に書く。日蔭茶屋事件を経て、大杉栄と結ばれた時には、「心の古傷からまた血が流れた」し、大杉と六歳の甥とともに軍隊に虐殺されたのを知ったときは、船旅の途中で、「頭がガーンとなった。……その夜は眠りをなさず、船ばたに出て、まっ暗な海と対して、感慨が胸に溢れるままに身を海風に吹き晒して、終夜ひとつところに立ち尽くした。愛情でも、追悼でも、悲傷でも、そんな生やさしいものではない。唯、心がやたらに打たれたのだ……」と。

なお「動揺」には、辻の文章も収載されているが、荘太が辻の家を訪れたとき、渡した荘太の手紙への返事と野枝宛の書きものは漏れた。彼からの便が締め切りに間に合わなかったためで、「牽引」には載っている。荘太の最後の手紙は、辻が始末したに違いなく、行方不明のまだ。

野枝が書いた六月二十四日の手紙は現存して、筆者はしばらく預かったことがある。半紙に墨書した達筆の跡を、冒頭と最後の箇所だけ掲出した（一二七頁）。この手紙は辻が所持していたが、のちに野枝の従妹・伊東キミに手渡したので、引き継がれて残った。

キミは、かつて辻の浮気相手だった人で、野枝は「ひょっとしたはずみに二人は私を裏切った」（「偶感二三」『青鞜』一九一五年七月号）と怒り、辻に別居を迫る悶着があった。辻は野枝と別れた後、放浪生活をするようになって、ずっと後の戦時中も、時々キミの家を訪ねた。尺八を持って玄関で奏するのを家に入れ、食事を出したり、金銭を持たせたりと援助した。そのお礼にと言って、「おキミちゃんには随分世話になったけど、何もあげるものがないから、これをあげる」と懐からだしたのが、その手紙だ。キミから聞いた野枝の娘・野沢笑子の話である。一九四二年ころという。

荘太は武者小路の「新しき村」に共鳴して婚約者とともに宮崎県日向に移住するが、運営をめぐって対立し、翌年離村して帰京。関東大震災に遭ってから千葉県遠山村（現・成田市）に移り、帰農生活。ここで二十数年を過ごし、『農に生きる』『晴耕雨読集』などの著書や翻訳書を出版、また成田図書館に勤務して洋書の整理に当たるなど地域との接触を深めた。一九五〇年、「全五十年文学生活の回想」の副題をつけた自伝『魔の宴』を書き上げたが、四月、成田山公園で縊死。刊行の一ヶ月前であった。

実感のセンチメンタリズム――大杉栄「死灰の中から」より

「死灰の中から」は、大杉栄が野枝に対して「恋らしい感情を兆し」、同志と感じるようになる過程を、運動の中で起こる問題と重ねて描いた作品。日蔭茶屋事件がもとで、「今まだ、顰《しか》めっ面をしている旧《ふる》い友人同志が多少あるので、そいつらにたいする当てっこすりに」見せる「非芸術品」だと述べている（『新小説』一九一九年九月号に掲載）。

野枝に対する気持を強く動かすのが二通の手紙である。全文ではなく抄録の引用だが、内容は十分把握できるのでそのまま収載しよう。

ここまでの二人の関係は、前にも触れたが、もう一度遡ると、一九一四（大正三）年四月、『近代思想』で大杉が野枝の訳書『婦人解放の悲劇』を好評、九月、渡辺政太郎の紹介で彼女を訪問して好感をいだく、十一月、野枝は『青鞜』誌上で大杉らの『平民新聞』にエールを送る、十二月、発禁になった同誌第三号を友人宅に隠すなどのことがあって、この一月、そのお礼に大杉が再訪し、辻とも会話をした。

その後が一通目で、冒頭、次の説明の後に引用されている。

「四年ばかり前の一月の末に、ドイツ社会党非戦派の一首領ローザ・ルクセンブルクの写真を送った返事として、N子から思いがけない長文の手紙を受取った」

Y村のこと思い耽っています　大杉栄宛　一九一五（大正四）年一月末

このあいだは失礼致しました。それから絵はがきをありがとうございました。大変いい写真でございますね。おとなしい顔をしていますのね。すっかり気に入ってしまいました。二十四日の会のこと、W〔渡辺政太郎〕さんに伺いましたから出たいと思いましたけれど、夜は当分少し困りますので失礼しました。……

M〔山田嘉吉〕さんのところでこの前の土曜日からお講義がはじまりました。ウォドのピュア・ソシオロジイです。結論だけでしたけれど、いろいろなおもしろい疑問を引っぱり出すことができました。おもしろいと言うよりは後から後から興味が湧き上ってきます。

A〔荒畑寒村〕さんの『夜の自動車』*痛快に拝見しました。……

今までもそれから今もあなた方の主張には十分の興味を持って見ていますけれど、それがだんだん興味だけではなくなって行くのを覚えます。……

一昨夜、悲惨なY〔中谷〕村の現状や何かについて話を聞きまして、私は興奮しないではいられませんでした。今も続いてそのことに思い耽っています。T〔辻潤〕は私のそうした態度をひそかに笑っているらしく思われます。一昨夜はそのことで二人でかなり長く論じました。私はやはり本当に冷静に自分ひとりのことだけをじっとして守っていられないのを感じます。私はやはり私の同感した周囲の中に動く自分を見出して行く性《しょう》だと思います。その点からTは私とはずっと違っています。この方向に二人が勝手に歩いて行ったらきっと相容れなくなるだろうと思います。私は私のそうした性をじっと見つめながら、どういうふうにそれが発展してゆくかと思っています。あなた方のほうへ歩いてゆこうと努力してはいませんけど、ひとりでにゆかねばならなくなるときを期待しています。無遠慮なことを書きました。お許し下さい。……

さて、この間お約束しました『生の闘争』の紹介をまだ書けませんのでおゆるしを願いとうございます。私は書物を頂いて紹介をするのにどうしても無責任ないい加減なお茶にごしを書くほどゆうずうがききませんのでつい遅くなります。もう紹介には時期を失しましたから、二、三ヶ月のうちにゆっくり考えて、私のつまらない感想を書きたいと思っています。何卒それまでお待ち下さいまし。何とか少しはまとまったものを書く気でいます。どうせ大したものの書けよう筈はありませんけれど、あの書物が私にどんな感銘を与えたかを書きたいのでございます。……

しかしお断りをいたしておきますのは――こんなことを申しあげるのはあなたを馬鹿にするのだなどとお思いくださいませんように――私の書物を賞めて頂いたからというようなな、そんなお義理からではないことをくれぐれもお含みおき下さいまし。世間の人たちはよくそういうことをいたしております。そうしなければ義理が立たないように思っていま す。そうして人がそんなことをすると、つまらないことをすると笑っています。私は決してそんな気じゃありませんけれど、世間の人はそういうふうにとるだろうと思います。しかし私はそれだから止めるというほどに、つむじもまがっていませんので書きますけれど、世間ではどう思ってもかまいませんが少なくともあなただけはそう思わないで下さいまし。本当にこんなことを申しあげるのはあなたを世間並のつまらない人と一緒に見るということになるかも知れませんけれどお許し下さい。私は決してそんなつもりではないのですから。そのうちに一度お邪魔にあがりますが、あなたも何卒、こんどは奥様とご一緒にいらして下さい。奥様にはまだお目にかかりませんけれど何卒よろしく。……

なお、S雑誌〔青鞜〕二月号を送りますときには新聞を少し入れてやろうと思います。三、四十部お送り下さいませんか。お代は月末にお払いいたします。

＊『夜の自動車』——大杉らの『平民新聞』は出す度に発禁になったが、第三号のとき、十数名の警官が印刷所を包囲する中を、自動車で突破して持ち出した。その光景を荒畑寒村が書き、読売新聞に掲載された。

この手紙の中で、大杉はとくに谷中村の話に動かされる。谷中村とは、足尾銅山の鉱毒問題のため、政府が渡良瀬川に遊水池をつくる計画を立て、強制廃村させられた村である。十七歳で上京したばかりのとき、下宿先の学生が谷中村鉱毒問題の示威運動に出ていく光景が思い出される。社会問題への関心を開かれ、やがて平民社の運動に参加する契機となる事件であった。

その後、土地は安い価格で買い取られ、村民は移住したが、残って抵抗している農家が十数件あった。県は堤防を切ると脅している。

大杉は「彼女がY村の話でひどく感激させられたということと、もう一つはなぜそれを特に僕に知らせて来たかということとは、どれほど僕を彼女に内的に親しみ近づけたか知れない」と思う。返事を書こうとするのだが、「何を書き始めても、すぐにあるパッションが湧き出て来る。彼女に対する感激が湧き出て来る」のだった。「彼女に恋をしてはならぬ」と心に決めていたから、返信は止め、会って話すことにする。十日余り過ぎて訪れるが、辻の前で谷中村の話はできない。『青鞜』の印刷所で校正に来るのを待ってみるが、会えず。そうこうするうちに、彼女から第二便が来た。

すてきな計画を立てています　大杉栄宛　一九一五年四月上旬

先日はもう一足というところでお目に懸ることができませんでしたのね。御縁がなかったのでしょう。雑誌を気をきかしたつもりで葉山に送りましたがお手許につきまして？C[*]雑誌を今朝拝見しました。いろいろなことを一杯考えさされました。そして少しばかりあれに不平がありますから書きたいと思いますが、その前にD[*]雑誌に書きましたのを読んで頂けましたかしら。あの御批評が伺いたいのですもの。そしてから書きたいと思っています。お遊びにお出で下さいませんか。私の方から伺ってもいいんですけれど。H新聞

〔平民新聞〕も廃刊になりましたのね。まあ仕方がありませんわ。またK雑誌〔近代思想〕をお続けになってはいかがですか。私達にはあんな気持のいい雑誌が失くなったのはかなりさびしいことの一つです。……

　私はこの頃*すてきな計画を立てて一人で夢を見て楽しんでいます。二年かかっても三年かかってもいいつもりで、自分の期待にそむかないものに仕上げたいと願っています。いまにあなた方を驚かしてあげますわ。まあ、ちょっと話してみましょうか。私は今そのためにいろんなものを読んでいます。第一にAさん〔荒畑寒村〕の『Y村滅亡史』、それからKさん〔木下尚江〕の『労働』、その他いろんなものを。それは、私がいつかWさんからY村の話を聞いたときの、私の心的経験と昂奮とに自分ながら深い興味を持っていて忘れることができませんので、それをすっかり書いてみたいんですの。まだどんなものになるか自分にもわかりませんけれど、私は一人で熱心になっています。けれどもまだ夢が半分は手伝っていますから、どうなるかよく分りません。いよいよ書き始めたらさぞむずかしくて続けることができなくなるだろうなぞとも考えています。しかし自分ではどこまでも一生懸命に書く気でいます。……

　本当にそれは不思議なほど私の頭の中にこびりついています。これは今までになかった現象です。今までは大抵こんなものを書こうとしましても、他の思想が浮んできますと先のは消えてしまうのですけれど、この頃たまに小説でも書いてみようという気になって書き始めてみましても、すぐこのことで一杯になって、とてもそんな下らない小説なんぞ書いてはいられないのです。私は今これが本当の意味での私の価値ある処女作になることを一生懸命に願っています。そしてそれにそむかないようにしたいと思っています。……自分の興味でつまらないことをお話ししました。私は書いてしまうまで誰にも話さないつもりでいましたけれど、あなただけは少しは興味を持って下さるかもしれないと思ってつい書いてしまいました。これであなたに興味がなかったら私はずいぶんつまらないことをしゃべってしまいましたわね。私は柄にもない大きなことを考えてるなんて軽蔑されるとせっかくの気持を不快にしますので、Tにもまだその計画は話しません。Wさんにはいろんなものを拝借しなければなりませんので話しました。その他は誰にも言いませんの。……

本当によろしかったらお出で下さい。私もお伺いいたします。

＊C雑誌——大杉栄「処女と貞操と羞恥と——野枝さんに与えて傍らバ華山を罵る」『新公論』四月号

＊D雑誌——伊藤野枝「らいてう氏の『処女の真価値』を読みて」『第三帝国』三月二十日。

＊すてきな計画——谷中村の問題をテーマにした小説の執筆。後に「転機」の題で実現する。

大杉が二通の手紙によって、野枝に惹かれたのは、一つに、青鞜社を「文芸道楽のお嬢さん達の寄合い」にとどめず、改革していくであろう「本物を見出した」ことである。それは「生涯の離るべからざる友人であり、同志であるように感じ」させた。

もう一つは、彼女の中にあるセンチメンタリズムだ。

それは大事なものであって、「僕らの内外に対する幾重もの大きな不満」は、いわゆる個人主義者たちの周囲に対する無関心、虐げられている者への同情を幼稚なセンチメンタリズムとみる冷笑であった。が、自分にもいえることで、野枝が感激した谷中村の事件に対する態度に、深く反省させられる。そして思う。

「N子がY村の話から得たという昂奮を、その幼稚な、しかし何ものをも焼き尽し溶かし尽すセンチメンタリズムを、この硬直した僕の心の中に流しこんで貰いたい。

僕が彼女の手紙によってもっとも感激したというのは、要するに僕が幻想した彼女のこの血のしたたるような生々しい実感のセンチメンタリズムであったのだ。本当の社会改革家の本質的精神であったのだ。僕はY村の死灰の中から炎となって燃えあがる彼女を見ていたのだ」

こうして野枝の手紙は大杉を感動させたが、それ以上には進めない。野枝が二番目の子を懐妊して、しばらく郷里に帰っている間に、主宰する会に出席する神近市子と顔を合わせること多く、親しくなっていくのである。

『青鞜』の譲渡劇——平塚らいてう「『青鞜』と私」から

副題に「『青鞜』を野枝さんにお譲りするについて」とあるとおり、創刊以来『青鞜』の編集・発行を推進してきたらいてうが、その任と権利を野枝に委ねることになった経緯の報告である。譲渡は一九一四（大正三）年十一月に行われ、翌年の『青鞜』新年号に、野枝の「『青鞜』を引き継ぐについて」と、らいてうの「『青鞜』と私」とが発表された。どちらも詳しく書いており、らいてうは、移譲を懇請する野枝の手紙二通をそのままほぼ全文引用している。野枝が手紙を書き、譲渡が行われた経過は次のようだった。

『青鞜』の売れ行きが次第に鈍り、一四年四月には経営をまかせていた書店（東雲堂書店）が、契約を断ってきた。これが発端である。編集兼経営者になったらいてうにとって、「いろいろの雑務の上にそろそろ借金の重荷を負うて歩かねばならなく」なった結果、そうした「散文的な生活がただ私を疲らせ、私の心を小さな、貧しいものにし……私から光と力を奪い去るもの」になる。八月号まではともかく刊行するが、九月号は休刊。「疲労に疲労を重ね……旅に出たい……この境遇からしばらく離れて静かに考えたい」と思い、十月号の編集を終えると、奥村博史と御宿《おんじゅく》へ旅立つ。

「留守をたのんでいく人といっては野枝さんをほかにして一人もありません。……十一月号と十二月号をやってくださいとたのんだものです」
そして十一月七日に、野枝から「長い長い手紙」を受け取る。野枝は十一月号を編集して考えたことを生のままぶつけた。

あなたのものか、お引き受けするか　平塚らいてう宛　一九一四（大正三）年十一月五日

やっと雑誌ができました、けれどもいま私は自分の無能なのをつくづくと考えさせられております。

私の意気地なしにもあいそがつきました。できあがった雑誌のまぬけさかげん本当にこまったものです。もとより思うようになるはずもないのですけれど、これはまたあまりでした。できるなら私は十二月号の編集をお断りしたいとおもいます。とてもわたしのいまの時間では余地がないのですから、こんな時間のかかる仕事をしようとするのは押しがふといのです。あなたのいそがしかったこともおさっしいたします。私もどうかして続けてやりたいとはおもっていますけれども、今のところお断りしたいのが七分どおりです。もっともそれがもう少し私の生活とピッタリくっついてしまえばですが、今のところこの仕事は中ブラリンですから、なかなかやりにくいのです。

もしあなたがすべてを私どもの手に委《まか》して下されば、もう一度覚悟し直して、辻と一緒にできるだけやってみてもいいともおもっています。もちろんそうなればいろいろまだお

うち合せしなければならないこともありますが、とにかく現状のままでは誠にやりにくくて困ります。それは一重にあなたの代理としてやっているという観念のために生れる心づかいが一番主になっています。あなたはきっとこう私が言いますと、その心遣いには及ばないとおっしゃるでしょうけれども、それで決して私の心遣いは止まりそうにもありませんから、なにかかにか心配しいしいやるものですから、どぎまぎしてしまうのです。これは本当に、無邪気でない心だと叱ります。私の心づかいは見栄坊からなのですけれど、自分のやるだけ無頓着にやればそれでいいのです。その心遣いが減じさえすればいいのですけれど。でもこれは、いま私の気もできません。その心遣いが減じさえすればいいのですけれど。でもこれは、いま私の気持が興奮しているからかも知れません。なおもう四、五日考えさして下さい。

けれども私の本当ののぞみを言えば、やはりこの面倒な仕事をあなたの生活と一致させることにお努めになる事です。雑誌をすっかりあなたのものにしておしまいになることです。そしてあなた一人の仕事として本気になって忙しい生活をなさることをおすすめしたいのです。そうすればきっと雑誌だってよくなると思います。

私はこの度つくづく考えさせられました。いかに雑誌を出す時の最初の雑誌の所有者というものが漠然としたあいまいなものであったかということを――それはあまり対他的であったと思います。そして私たちは今、絶対の個人主義の上にたっています。その間には何の無理もないように思えますが、よくよく考えてみますと、私にはまだうすいものを一重へだてているような感がいたします。

それでとにかく私はどうしてもあの雑誌をあなたのものとして、そして婦人たちに開放するということにしていただきたいような気がします。そのほうがあなたの生活がもっと徹底して動かなくなりはしないかと思います。私としては、忙しいとこぼしていても忙しい生活のほうがなんとその生活にぶつかるような気がいたします。しかしそれは私の独断的な考えにすぎません。あなたの先天的な体質が、または精力が、そんな忙しい仕事をもつだけの可能性を有しないと信じておいでになれば致し方はありませんけれど、もしそうでなかったらば、もうすぐに一月号ですししますから、私は今までの小うるさい情実をきれいにふきとってしまいたいと思います。私は何だかまだ世間の人の前にさらけ出さねばならぬものが多少残っているような気がしてなりません。それを多くの目の前できれいにお掃除をして大ぴらにあなたのものになさいまし。それを他人が何と言いましょう。それが当然のことですもの。だんだんに長びくと情実が多くなって時機がはずれてとんだことになりそうな気がします。

もしどうしてもあなたが一人で忙しさに堪えてゆけないとお思いなさるなら、そしてもっと勉強する時間がないではいられないとお思いなさるなら、無期限で編集と経営の事務だけをお引きうけしてもよろしうございます。それはお断りするまでもなく、私たちの生活とその仕事を一緒にひっくるめるために、私たちの生活の形式を変更しなければならなくなりますからです。もちろんすべてあなたの注意をまたねばなりませんし、書いていただかねばなりません。その代りにそうなれば私も充分働きます。私は忙しい雑務の中に飛び込みます。まず私の正直な考えはこの二つです。

だんだんに経営は困難になってきますし、書店なんかどこでも引きうけそうにもありません。まず私の考えでは今後三、四年間は私たちの手にもっていたほうがいいと思います。そのかわりに私は保持さんのような無責任な事はしたくないと思います。しかしなるべくならば、まず後のほうは願い下げたいくらいです。あなた自身で経営なさるのが一番いいと思います。そうすれば編集や校正のお手伝いくらいはどんなに繰り合せてでもいたします。私に家の用事と子供の世話がなかったらあなたにこんな無理な事を言ったりヘマな事はしないつもりですが、何分にも乳ばなれのしない子を他家へ一、二時間ずつあずけては出かけるのだものですから、思うように用を足すこともできない仕末です。それに辻はいま校正で忙しくってちっとも手伝ってもらえないので、ほとんど何もかも手一つという有様ですから忙しいことおさっし下さい。

それにまだ食うこととの心配までしなければなりません。それが順序をつけて形《かた》づけてゆかれないので、みな手をつけなければならないので、すべてが形づかないで雑然と私をとりまいていきます。私は実際どうすればいいのだかわからなくなってしまいました。ああもしなければならない、こうもしたいと思うは思っても手がとどかないのです。どうしても人でも一人おかなければやりきれません。しかし今、私たちの事情として人を使う余裕なんかとてもありません。それでもし置くとすれば、それだけの余裕を私が働き出さねばならないわけです。

　ところで私がいくら働いても青鞜の経営ではその余裕は出そうもありません、それを出そうとするのには永い計画が必要です。今のところではあなたの生活をささえる最低額の費用となるほどの原稿料さえ覚束ない次第だと私は思います。ですからとても一ヶ月や二ヶ月ではそういうことをするわけにもゆきませんから、来月は全く困ります。いったんお引きうけしたのですから、あなたのほうの気持しだいではどうしてもとは言い張れません。けれどもなにとぞもし雑誌をご覧になって、いけないと見込みをおつけになったら、やはり十二月号からあなたがおかえりになっておやり下さい。そのほうが私にとっては安心です。けれどもせっかく静養し勉強していらっしゃるのをむりにこんないやなところに引きずり戻すことの不快さを思うとかなしくなります。あなたを割り合いに知っている私としては。とにかく考えて下さい。私も熟考を重ねます。私は今、自分の無能をまざまざと見せつけられて苦しんでいるのです。安うけあいをしたことをお許し下さい。このくらいならおうけ合いしない前のほうがよかったのでした。とにかく冷静なあなたの判断を待ちます。そのうちには私の考えもちがってくるかもしれません。もうよしましょう。さようなら。

らいてうの返事は、忙しいあなたに手数のかかる仕事をさせて無理なのは分かっている、けれど十二月号だけは、奮発してやって下さい、いろいろ考えているところだが、あなたの言う二つの方法についても考えてみましょう、という趣旨だった。
その考えは、編集者または経営者としての生活には、ほんとうの自分の生活を見出すことができない。いっそのこと廃刊しよう。しかし、『青鞜』に対する愛は容易に否定できない……止めるのはいかにも残念なことのようにおもわれ」、「野枝さんの手によって続けていってもらいたいという第二の考えに落ちて」いく。ただ、「あの忙しい野枝さんがそのうえにこの忙しい仕事をやっていかれるものかどうか」疑問なので、会って話した上でのことにする。十一月十三日に上京すると、翌日、野枝からの第二便が御宿から転送されてきた。

委してみて下さいませんか　平塚らいてう宛　一九一五年十一月十二日頃

(前略)経営のほうはなにとぞお考え下さい。もしあなたがなさるのがどうしても気がお進みにならないようならば、あなたは毎月きっとおかき下さることにして、私たち一生懸命に働いて、あなたにとてもそれでは生活の全部ということはむずかしうございますが、二十円内外ぐらいの程度ではじめのうちは、お送りしてもっともちろん上げられる時にはお送りしますし少ない時もあるかもしれませんが――続けていけるかもしれないと思います。なんだかいろんなことをきめてかかることを不快に思わないで下さい。これは私たちの具体的な考えですから。それで雑誌の署名ももっとはっきりさせて、もっと緊張したものにしていってみたいと思うのです。すべての点でいま誤解されたり、全てうやむやでわからないような内部の色もはっきりさせて、何かずっと新たなものを読者の頭に入れるようなことにして──。どうでしょう。私そうなればすっかりもっと生活の形式をかえて、そのほうに尽力のできるようにしたいと思いますけれども、そうすれば私も編集なんかもっと簡単に短時日でできるようなふうに考えたり、そこはいろいろにしてみましょうから。一つ委《まか》してみて下さいませんか。しかし署名人だけはやはりあなたがいいと思います。責任はどこまでも私たちが負います。署名人の迷惑になるようなことはめったにしないつもりですから、なにとぞ信じて下さい。

もしご決心がおつきになりましたら一日もはやくおしらせ下さいまし。私もそうなれば本気になって働きますから。けれどもまたあなたがご自身ですっかりなさる決心がおつきになれば、私はさらにうれしく思います。そしてできるだけお手伝いしたいと思います。どちらにしろ、あなたのお心一つですから、なにとぞ一番いい解決を期待しています。事実においてあなたの事業ですからね、どのみち私はあなたのお手の届かないところを委していただくだけなのですもの。ではさようなら、奥村さんに宜しく。

辻からもよろしく

末尾の「辻からもよろしく」には意味があり、『青鞜』の仕事は夫の辻と一緒にやる、責任は「私たち」が負うと、安心要素を伝えたのである。野枝にとって、辻との生活を立て直そうとの意図も動機の一つであった。

十五日に会談。野枝の決心は固まっているようだったが、念のためと、もういちど十七日に会い、「社の責任と仕事と所有物を手渡し」譲渡が完了した。らいてうは最後に「野枝さんのこんどのご決心に対して私としてのあらんかぎりの感謝を捧げます」と記している。

こうして『青鞜』は一五年新年号から、野枝が二十歳にして編集兼発行人になるのだが、長くは続かず、翌年二月号をもって潰えてしまう。第二子（流二）を出産し、雑誌の経営難、辻との夫婦関係の破綻に加えて大杉栄との恋愛などの事情が重なり、余裕がなくなった。

そのためであろうか。らいてうは五十五年も後の自伝『元始、女性は太陽であった』の中で、「野枝さんの烈しい気性におされて廃刊を断念し」と、自分の手で閉じなかったことを悔いるように書いている。

辻潤との別れ——伊藤野枝「この頃の妾」

大阪にいる叔父・代準介に宛て、辻と離婚するに至った事情を説明し、大杉についても心中の思いを述べている。具体的で直截、内情を明かした告白である。叔父は、辻との離別を大阪朝日の記事で読んで、驚いたであろうし、大阪毎日には野枝の原稿が載る予定だから、事情をよく分かってもらう必要があった。この後、借金のお願いに行く都合もある。そうした気持を込めた、切々とした手紙だ。

福岡日日新聞に発表（六月四、六、九日）したので、加筆の可能性はあるが、趣旨同様のものは実際に出したであろう。大阪毎日への原稿は結局不調に終わるので、その大要を推知できる文章としても貴重だ。

離婚を思い立ちましたのは　代準介宛　一九一六年五月下旬

お手紙を拝見しますとすぐに返事を書きたいと思いながら今日まで失礼いたしました。此度の事件の内容は毎日新聞に書きますのにかなり委《くわ》しく書きますが、叔父様にはもっと、これまでの私の生活について何も申しあげてありませんので申してみたい気が致しますので実は今日まで、私は今までそのことについて、一口も云ったことはありませんが今夜は少し長く書いてみたいという気がいたしますから一通り書きます。今更ながら叔父様の寛大なお心に向っては何と云ってよいか分りません。

実は私が辻と離婚をしようと思い立ちましたのは今日この頃のことではないのでございます。ちょうどもう一年以上になります。叔父様はどうご覧になりましたかは存じませんけれども、辻は非常にいい天分を沢山持っているのでございます。私が今日これまでになりましたのも大部分は辻の助力によるので私はその事については随分あの人に感謝致しております。私が今日まで大変な苦痛を忍んでいることができましたのも全くそれがあるからでございます。今でも、私はあの人の立派な処を一番よく知っているつもりでございます。そして、此度のことによってあの人が本当に、自分のいい処を発揮して偉くなることを待っているのでございます。

実はちょうど、学校を卒業しまして、私が家出しました際まで、私たちの間には本当に、何の関係もございませんでした。私の持っている天分をのばしてやることだけがあの人の望みだったのでございます。私もそのつもりでおりました。しかし世間では決してそうは思っておりません。学校でも大変に誤解してしまいました。あの人に校長から、私を追い出すか、退職するかという要求が持ち出されたとき、あの人は即座に退職することを決心したほどの義侠心を持っていました。あの人が何でもない私のために職を失ったということは、私には非常な苦痛でございました、そうして、その時から私は辻の家の家族の一人として目前にせまった糊口のことについて考えなければなりませんでした、それから私が青鞜を引き受けて多少名を出すようになりますまでの三年間というものは、それは、お話するさえはずかしいような、境遇におりました。母を他所《よそ》にあずけて、私達二人、ちょうど一坊《まこと》がおなかにいます頃、芝のある家の二階を借りておりました時分など、私が青鞜の編輯《へんしゅう》をしてとる、十円ばかりの金のほかには何の収入もなくって僅かな書物まで売りつくして四ヶ月というもの、パンで生活したような、みじめなことさえありました。けれども、私たちはそれでも決して失望するようなことはなくて一生懸命に勉強し励まし合いました。

私が今日多少他人《ひと》に認められるようになりましたのもその努力だけだと想っております。そうして、その時分の辻は非常に、私にも親切であり、立派でございました。けれども、私には割合にはやく世間に出る機会が来ましたけれど、引っ込みがちの辻にはなかなかそのおりが来ませんでした。そして、それは私達に一番不幸な事でございました。私より勝《すぐ》れた良人《おっと》が認められないで、良人によって教育された私が世間に認められて彼是《あれこれ》云われるということだけでも、私は世間に対しても良人に対しても大変な遠慮をしなければなりませんでした。その上になお不幸なことには良人というものにまるで理解のない世間の人は、私を賞める傍らに必ず良人を軽蔑することを忘れはしませんでした。意久地《いくじ》なしの良人に仕えているということが世間の定評になりました。私にとって、これより以上の苦痛がございましょうか。そして一方にはまた家庭において、私は、いろいろなことで他の人の十倍もの気がねをしなければなりませんでした。二、三年間の年老《としと》った母への苦労。それがみな私故であることは本当につらいことでした。私は母へはできるだけのことをしなければならないとおもいました。そうして一生懸命に働きました。けれども、私は働いても働いても母への気がねはますます多くなるばかりでした。

息子が遊んで嫁に働いてもらうということが母にどうして苦しくないことがありましょう。母は母で私にしなくてもいい気がねをしなければなりませんでした。その母の心を察しますと、私はただ母にその気苦労をさすまいと、そればかり気づかいました。そうして、母のその苦しみが昂じて来ますと、辻に働くことをすすめました。それは当然のことでございました。けれども、辻の気持を知っています私は、無理をして、つまらない勤めをしてもらって、僅かな金をとるよりは本当に、少し自分を確《しっ》かりさして多少は名を出してもらいたいのでした。けれども、辻は、私のその望みをいつでも冷たい顔で受けました。そういう風になって来ますと、あの人は非常に皮肉になって来て、「俺はどうせ駄目なのだ」と云っては、自分のいい処をだんだんに奥の方にかくしてしまって強いて下らない人間のように振舞いました。

辻の世間から受ける軽侮は当然私にもわけられなければなりませんでした。私は今に、辻の本当のものが世間の人に認められさえすれば私のこの侮辱は雪《そそ》がれるものと思いますので私は長い間世間のそうした嘲笑を忍んで良人をかばいながら、遠慮しながらに私はどうかして、良人のそのいい処を誘い出そうと努めました。

　けれど、私がそうして良人に向う度に私はあんまり悲しい目に会わなければなりませんでした。あの人は私がそれを努めるほどだんだんに、悪い方へゆきたがり出しました。そうしてどこまでも外れてゆくのです。最近にはそれが非常に極端になって来て、私は絶望しなければならないようになりました。そうして一方には家の全生活を私が一人で背負って立たねばなりませんでした。ちょうど五年になります。あの人が職を失いましてから、私は母になるべく苦労をかけたくないと思って、母にはできるだけ遠慮しました。けれどいくら働いても、それは駄目でした。働いただけではどうしても足りないのです。そしてまた私は一方には自分のことも考えなければなりません。私にとっては今、一番大切な時なのでございます。今、お調子にのってうかうかしていれば、私はそれでもうお仕舞いなのです。「少し何かできると思ったけれどあれっきりなのか」と、見捨てられなければならないのです。それを考えますと、私はどうしても三十位まではまだまだ人一倍の勉強しなければならないのです。ことに、学校を出たままの私には、何の智識もないのです。組織的な勉強などは何もしないのですから、本当に心細いのです。それを考えては一刻もぐずぐずはしていられないのです。私は本当に、なぜ、こんなにはやく結婚生活にはいったかと後悔ばかりしました。

子供ができてからはことに、母は私が家の中に引っ込んで、いい母であり主婦であることを望みました。私は母の望みを満足させようとすれば、自分を捨てなければなりませんでした。私は双方の間にはいって苦しみました。子供は可愛くてたまりませんけれども、自分の社会的の事業のことを考えますとそれに没頭していることは許されませんでした。第一に私には時間というのが少しもないのです。家の内外を一切やるということは本当に大変な事ですから。で勢い、家の中のことも充分にはやれず、自分の仕事も充分にはできず、という妙な状態になって来ました。そうして私が苦しんでいましても、その頃はもう辻はそれほど深く私の事を考えてはくれなくなりました。おまけに妹夫婦が同居してからは一家の財政は二倍に張りました。それも私が一人で苦しまなければなりませんでした。そのことも誰も私のために考えてくれる人はありませんでした。私は家族の人たちのほとんど犠牲にならなければならないようになりました。

けれども、私がいまのままでいては、とても、もう働くこともできなくなってしまうことは解りきっています。なぜなら、あの女はもう駄目だ、いいものは書けないということになりますから。本当に考えなければならなかったのです。けれども私は子供の愛や良人の愛に引かされて一刻でもこのことを考えることを避けようとしていました。けれども叔父様も既にご承知と存じますが、あの女《ひと》と辻の間に妙なことがありましたときは、私はすべてをすっかりあきらめて、此度を機会にして一人で生活したいと思いました。

私は別れてしまうまで、すっかりそのことを辻にはなしました。けれどもどうしても辻はそれを許してはくれませんでした。私も流二もおなかにいた時分ではありますし、つい、そのときはそのまま逃がしてしまいましたけれども、それからは、二人の間には少しもおもしろい日はございませんでした。二人はずんずん日に日に違った方面に向って進んでゆきました。実は二月に大阪へ向ったときも、その事をお話しようかと思っておりましたが、時間がありませんでしたり何かしてとうとう一言もこの事には云い及ばずにかえりました。

けれども、私が、大阪で八十円の金をこしらえるのにどの位つらい思いをしたかということ、それからまた、あの叔父様に、あんな苦しいお金まで拝借したことを、話しましょうと、大急ぎで帰りましたら、叔父様、まあ何ということでしょう、辻は私がたちました夜、お友達を誘ってお酒をのんだり、それから私と一緒になってからは遂に行ったこともない吉原などへゆきましたそうです。しかし私は別にそれをとがめは致しませんでしたけれども、私がどんなに辛い目に会っているかということを一番よく知っている私のお友達にそのことがすっかり分りました。その他の色々なことと一緒に、そしてお友達は、泣いて私に忠告しました。別れるように、と云って、「あなたのようなお人好《ひとよし》はない、あなたは馬鹿だ」と云って怒りました。私もそうなれば考えなければなりませんでした。私はいろいろな仕事を深く考えますと、どうしてもこのまま家庭生活を続ければ私の持っている天分を殺してしまわねばならぬことをよく知っておりました。で私は家を出ようと決心しかかりました。

ちょうどそのとき、私は大杉栄、という人——一、二度位は叔父様にお話したことがあるようにも思いますが現在の日本で社会主義者の第一人者です——会いました。ずっと前からよく知って始終遊びに来ていましたが、そのときちょうど会いました。その人には前から私は尊敬をもっていますし、向うでも、私を大変に認めてくれましたのでいろいろなことを話し合っていました。ちょうどその日は私はその事についてことに考え込んでいたときでございましたので自然いろいろな事を話しましたが、お互いの家庭のことになりました。そうしますと、大杉氏は、近いうちに妻君と別居をすることになったということを私に話をして、今の夫人の、同氏の仕事に理解のないこと、不満足なこと等をならべました。私は、それを聞きながら私のことも少し話をしました。そうして勉強をしたいということも云いました。氏は私のこの頃の生活に不安をもって見ていること等も話してくれました。そうして、私はどうしても大杉氏に引きよせられてゆくことを感じ出しました。これからはこの人を頼って勉強するよりいいことはないとおもいました。

大杉氏が、私の将来にかけている望みと、私が大杉氏の事業に向って持っている渇仰と同情が当然今のような関係にならなければならないということは、大杉さん及び私を知っている人達は早くから云っていたことだそうです。そして、辻もそれを恐れていたらしいのです。大杉氏も、それは非常に長い間自分の望んでいたことだと云っています。ひとり私だけはそれに気がつかずにいました。そうしてそういう妙な立場になって来ましたとき、私はこれですっかり辻と別れようと思いましたけれども、私が大杉さんとそういう関係ができただけで辻と手を切ったと云われるのは私にとっては大変に迷惑なことなのです。それで私はそういう世間の人達の誤解を避けるために一たん大杉氏との間に成り立とうとする関係を絶ってしまって、そして辻と別居しようと思ってそのつもりになって、いろいろな苦しい処をしのんで、その決心がつくと同時――もっとも、大杉氏と、私の間に、そのような感情が見え出したことは、辻にすぐに話をして、大杉氏もその後見えて、三人で、そのことについて話をしたことはありますし、――辻にその決心を話してそうして、大杉氏にも話をしようと思って出かけてゆきましたけれども、いろいろなことで、大杉氏は非常に苦しんでいました。大杉氏が、私を自分の思想の上にもまた事業の上にも相手として、私を待っていたのはかなり長い間のことだと自分で云っています。

それで一たんその心持が見えてからは大変苦しみ出していたのです。でとにかくしかし、私の苦しんでいるのを見て、自分もあきらめをつけたとは云っていましたがしかし、それがすべてに非常に、こだわって来ていることが私に大変よく分りました。私はその苦しい顔を見ていて、とうとう断ることができなくなりました。そうして私はこれから、大杉氏の伴侶として、勉強することを決心しました。そうして、私はそれをすぐ辻に話をして、すぐにその次の日に家を出ましたのです。私の思ったとおりに世間ではいろいろなことを云い出しました。誰一人として本当のことを云っている人はありません。しかし今、いくら云った処でわかりませんけれども、此度《こんど》大阪毎日新聞に書きますので少しは私の真情も分るかとおもいます。

大杉氏は三十二、外国語学校仏語科出身。夫人は四十、堀保子という方です。もう一人の女の人は津田英学塾出身神近市子、この間まで東京日日の記者をしていました、私が大杉氏について持つ心持は単なる愛というものよりはもう少し違った指導者というようなことを考えさせられております。私はもちろんもう、結婚生活というものの中にはいることは出来まいとおもっております。これから本当に一生懸命に勉強をしたいとおもいます。

子供を連れていましてはどうも思うように、ゆきませんので、こちらで、どこか預ける処をとおもってさがして居りますがなかなか見当りません。牛乳でだけでもいいのですから、こちらで駄目のようだったら九州に連れてゆこうとおもっています。叔父様にはぜひお目にかかりたいとおもいます。近いうちに、大阪の方へもゆくことにいたします。何しろ、子供の事がどうにかならないうちは誠に困りますのでちょっと動けません。いろいろ申しあげたい事は沢山ありますけれども、きりはございませんからまずこの位にいたして置きます。叔母上様にもよろしく。早岐《はいき》の皆さまおさわりはございませんか。嘉代子〔代準介の孫〕様さぞお可愛ゆくおなりのことと存じます。（五月二十日夜記す）

新時代の子の為に（アンケート回答）

伊藤　野枝

私は子供の教育という事についてはごく簡単な意見しか持ちません。私は決して子供の将来に、親どもが勝手な空想を描いたり期待を持ったりして育ててはならぬと思っております。私は極力子供自身の持って生まれたものに信頼します。親としてすべき事はただ、その子供が自分自身を処理し得るようになるまで適当な支持を与えてやるという事だけだと思います。現代のようなまだまだ迷信と慣習が根を張っていて、すべての思想が混乱を重ねている時代にあっては出来るだけそれに捉えられずに済むように眼を開いてやればそれでいいと思います。

子供の事については、私はかなり世間の非難を受けた事があります。しかし、私の考えは、要するに、私がいくら可愛いい子供を自分ひとりでかばい立てたって、間違った社会をどうすればいいのか、私の力よりはその方がずっと恐ろしい。私は私の可愛いい子供のためにも自分のためにも、すべてのために、私は自分の本当の道だと思う方に進むのが一番立派だと思いました。親に離れればすぐ不良少年にでもなるように考えるのは大きな間違いです。またなるかもしれませんが、それはその周囲と本人の性質による事です。人間の一生の幸不幸は、容易に計れるものじゃありません。まして未来の事について彼是《あれこれ》いうのは僭越至極だと思います。私の子供は或は間違いなく不良少年になるかもしれません。しかし私は一人の意気地なしの不良少年をつくった過去を帳消をしてなお充分な位の仕事をするつもりでいます。子供が少し物がわかれば、彼は決して彼を捨てたのではない事を誰よりもよく了解する事が出来ると信じます。その了解の出来ないような子供なら私は捨てたと思われても少しも惜しいとは考えないでしょう。

【解題】一九二〇（大正九）年、東京日日新聞の新年企画「新時代の子の為に」の問いに対する回答である。全集、単行本に未収録で、本書の手紙に関係ある内容なので収載した。

アンケートの問いは、「新時代に順応すべく貴家は如何《いか》に貴家の御愛児を御愛孫を教養訓育せられんとする乎《か》」であった。趣旨は「世界改造の実現されつつある今日来《きた》るべき時代の子を如何に訓育すべきかは教育界の大問題たるのみならず、実に国家の大問題」だからという。「世界改造」は、第一次世界大戦が終結して、ヴェルサイユ体制が成ったことが大きい。

見出しは「新時代《ニュー・ゼネレーション》の子の為に／「改造」――それに順応さすべく／お父さん方のお考へは怎《ど》うか／――（各家庭の回答）――」と四行。一月一日から五回に分け、伊藤野枝の文は八日に掲載された。回答者は有島武郎、小川未明、丘浅次郎など全部で三十五人。「お父さん方のお考へ」とあるくらいで、女性は四人（ほかに山川菊栄、宮嶋麗子、佐々木雪子＝信綱夫人）だけである。

回答に「子供の事については、私はかなり世間の非難を受けた事があります」と述べているのは、辻と別れて、二歳半の一《まこと》（以下「まこと」と記載）を家に置き、生後七ヶ月の流二を里子にだしたこと。一六年五月、安成二郎宛の手紙に「大方の非難が私が子供を捨てたということにあるらしいので少しそれについて書いてみようと思います」と書き、また、まことに対する自責の念は強く、同年六月二十二日、大杉宛の手紙で悩みをこう記している。

「私は預けた子供よりも、残してきた子供を思い出すたびに気が狂いそうです。……今まで、あんな、これ以上の貧しさはないようなみじめな生活に四年も五年もかじりついていたのだって、みんなあの子のためだったのですもの。そしてそのみじめな中から自分だけぬけて、子供をその中に置いて来たのですもの。こんな無慈悲な母親があるでしょうか」

回答では、そうした憂慮や世間の非難に対して、自己を犠牲にするのではなく、「自分の本当の道だと思う方に進むのが一番立派だ」と思って、振りはらったことを述べている。

将来についての心配も漏らして、一つは「私の子供は或は間違いなく不良少年になるかもしれません」と懸念する「境遇や生き方」、それに「彼は決して彼を捨てたのではない事を誰よりもよく了解する事が出来る」と信じた「親に対する思い」である。生きていれば、子の成長を見ることができたはずの思いだった。結果はどうだったのか。

そこで、二人の子の後の姿を、野枝に伝える意味を込めて、余話として記しておこう。知ることができなかったのは、大杉との間に産んだ五人の子も同様だが、ここでは「残して来た」辻まことと、「預けた」若松流二の二人について、略述する。

【余話】辻まことと、若松流二のこと

まことは、父親・辻が比叡山に籠ったり、放浪生活を送るようになるため、多くは叔母の恒《つね》や祖母・美津《みつ》に養育された。九歳のときから、夏休みの前半は流二のいる大原の海辺で過ごし、後半は流二がまことの家にきて遊ぶようになる。大杉の家に来て母親と過ごすことも、野枝が訪ねることも、よくあった。

一九二六年、辻の友人・飯森正芳に預けられ、静岡工業学校に入学。二八年、辻が読売新聞のパリ文芸特置員として渡仏するのに同行した。三〇年、子供の科学社に勤務。法政工業学校（夜間部）二年に編入。三三年、広告会社・オリオン社入社。雑誌の表紙、挿絵などを描く。同社の竹久不二彦（夢二とたまきの次男）と知りあう。のち、竹久、福田了三とともに金鉱探しに夢中になり、上信越、東北の山々を歩く。武林無想庵と文子の娘・イヴォンヌと結婚。四二年、東亜新報記者として中国に渡り、四五年、現地召集により従軍した。四七年、帰国。日本アナキスト連盟機関紙「平民新聞」に挿絵、諷刺画文等を数多く寄稿。また、詩誌『歴程』の同人となり、同誌にカット、エッセイ、諷刺画文等を発表、生涯続けた。四八年、イヴォンン

ヌと離婚。翌年、ふたたび山登りをはじめ、以後、東北、信州などの山にしばしば出かける。山スキーにも習熟した。奥鬼怒手白沢で知りあった松本良子と結婚。

以後は、フリーのイラストレーター、画家、画文家、エッセイスト、コピーライター、登山家として多芸多才、幅広い分野に活躍した。

例えば——山や旅の雑誌『アルプ』『旅』『岳人』『山と高原』に画文を発表。『岳人』には、表紙絵と「表紙の言葉」の連載を生涯続けた。エッセイ「山上の景観」が中学国語の教科書に採録。『虫類図譜』『山からの絵本』『山で一泊』『すぎゆくアダモ』ほかの著書を刊行し、のちに『辻まこと全集』（全五巻＋補巻）に纏《まと》められた。油絵の個展は日本画廊ほかで開かれ、七九年には西武美術館で「辻まことの世界展」が開催された。

山を愛し、スキーを楽しみ、ギターを奏で、酒を好んだ。爽やかで洒脱、自分の眼で物を見、自分の頭で考える真の自由人だった。七五年没。

若松流二は、四歳のとき養父・鶴吉に乞われて若松家の養子になった。小学二年時に養父の計らいで実父に会う。一九二九（昭和四）年、大原の高等小学校卒業、横浜の貿易会社に就職。三二年頃、横浜専修商業学校（現・横浜商業高校）の夜間部に通う。三六年、大森の下宿で、父・辻潤の看病をしつつ、二ヶ月間同居する。兄・まことの会社で図案やコピーライターの仕事を手伝い、次いで日本郵船の貨物船で、外洋航路を巡る勤務。四二年、徴兵され、機関員として海軍輸送船で兵隊を南方へ送る。四四年、航行中、米潜水艦に撃沈されたが、護衛艦に救助され、三年ぶりに帰国。十一月、父・潤が死亡。叔父・義郎と落合火葬場に直葬。四五年、疎開のつもりで応募した大田区募集の北海道開拓移民団に加わり、竹久不二彦と北海道日高に移住、開拓農業に励んだ。この地で結婚、三人の子に恵まれる。七八年、横浜へ移住。印刷会社の社内報作りの仕事などに従事して、六十八歳まで会社員生活を送った。

趣味の油絵、書道、仏像彫刻などを楽しみ、豊かな人生を生きた。九八年没、八十三歳だった。

二人とも野枝が心配した不良などにならなかったし、それぞれ充分な仕事をした。それは、母親が「過去を帳消をしてなお充分な位の仕事をする」のを断ち切られた、その分をカバーして余りあったといっていい。

まことも流二も、父親のことは書き残しているが、母親については何も書いていない。二人とも自分の生い立ちを語ることを好まず、流二は「だれしも暗い話はしたくないですからね」と言ったという。

しかしまことは、会話では母親の回顧談をしていて、その一つを、異父妹の伊藤ルイ（ルイズ、留意子）が書き留めている。大杉の家で居候をしたときの懐かしい思い出だ。

おふくろさん？　うーん、野枝っていう人はこれはもうほんとに他人の気持なんてものになんの頓着もない人でねえ。当時にしては珍しいミシンを買いこんで、ぼくに半ズボンなんか縫ってはかすんだ。僕はそんなものはくのは厭だし、辻の家に帰れば近所の友だちに、「やあい、あんな短っかいズボンなんてあるのかい、ホーラ、オチンチンが見えてらあ」なんてはやされるし、いやだいやだっていうのに、いいからはきなさい、ってきかないんだ。ほんとに厭《いや》だったなあ。（「辻さんの思い出」）

実はこの話、何人にもしていて、まことの長女・野生《のぶ》さんも聞いたし、親交した松尾邦之助（翻訳家・評論家）も同様のことを書いている。

異父妹で、「第一のエマ」であった菅沼幸子が聞いたのは「ハイカラな洋服」となって、半ズボンだけではなかったようだ。

おふくろときたら、シンガーミシンを買って、ハイカラな洋服を縫っては、子供たちに着せるんだ。ピラピラなんかついたのを、むりやり着せられて。なんでも新しがりやで、挑戦するのはいいけど、子供心にも迷惑だったよ。あの人のことだ、今まで生きていたら、選挙なんかに打って出て、おれたちみんなトラックに乗せられてるに違いない。（「伊藤野

枝　はるかなる存在のひと」）

「むりやり着せられ」などと責めるふうだが、一種の照れ隠しで、母の愛情を話し、追慕する気持ちの表れであろう。友人や、野枝に繋がる身内に、そうした母親との関係を伝えるべく、格好の思い出であった。

野枝は流二にも、絹の祝い着などを送ったが、肉声を伴っていないし、そもそも体感がない。野生さんが訊いたとき、「野枝？　大嫌い！」と答え、「口調は怒りと哀惜が入り混じった複雑な調べだった」という。流二と交流のあった安諸靖子さんへの手紙には「私が伊藤野枝を嫌いなのは彼女の書き残した文章や手紙を読んで彼女の性格が想像でき、ああした型《タイプ》の女性が嫌いなのです」（「若松流二さんのこと」）とあり、のちに『青鞜』以後の作品も読んでほしいと話すと「母の文章は父の朱が入ったものを散々読みましたからもういいです」と答えたそうだ。

一方、養家での思い出を「我儘《わがまま》いっぱいに育ててくれた養父母の厚意」と書いているから、野枝が信じたように、「捨てられた」という恨めしさはなかった。「嫌いなタイプ」と突き放していたのは、母親の体温を知るまことの感覚との大きな違いだった。

まことの場合は、母への思慕を強く感じさせる、もう一つの事実がある。長女の名を「野枝」と付けようとしたのである。命名のとき、来合わせていた妻・イヴォンヌの祖母が、ああいう死に方をした人の名前は如何《いかが》かと反対して、結局、一字だけ残し、「野生」に落着いたのだった（武林無想庵『むそうあん物語』）。

伊藤野枝年譜

一八九五（明治二十八）年　〇歳　一月二十一日、伊藤亀吉（通称與吉、一八六六〜一九三六）、ムメ（一八六七〜一九五八）の第三子・長女として、福岡県糸島郡今宿村（現・福岡市西区今宿）に生まれる。戸籍名はノヱ。兄が二人、のちに妹が一人、弟が三人生まれる。

一九〇一（明治三十四）年　六歳　今宿尋常小学校に入学。

一九〇四（明治三十七）年　九歳　六月、叔母・マツ（亀吉のすぐ下の妹）の養女となり、榎津《えのきづ》尋常小学校に転校。

一九〇五（明治三十八）年　十歳　榎津尋常小学校を卒業。四月、マツが離婚したため、マツと今宿の家に戻り、隣村の周船寺《すせんじ》高等小学校に入学。

一九〇八（明治四十一）年　十三歳　周船寺小学校高等科三年修了後、長崎の叔母・キチ（代準介の妻）の家に預けられる。四月、長崎市西山女児高等小学校に転校。十一月、代家が東京で事業を始めるため上京。今宿の家に戻り、周船寺高等小学校へ転校。このころ、雑誌・新聞に作文や短歌を投稿する。

一九〇九（明治四十二）年　十四歳　周船寺高等小学校を卒業。今宿郵便局に勤務する。代準介に東京の女学校入学を懇願。何回も手紙を書き、年末、女学校編入準備のため上京。下谷区下根岸の代家に同居する。

一九一〇（明治四十三）年　十五歳　上野高等女学校四年に編入学（現・上野学園）。従姉の代千代子とともに通学。

一九一一（明治四十四）年　十六歳　五年生に進級、担任は国語担当の西原和治。入学式で在校生代表として挨拶。学校新聞『謙愛タイムス』の編集に当たる。辻潤が西原の紹介で英語教師として赴任。

夏休みに帰郷。父たちが周船寺村の末松福太郎との結婚話を進めており、八月二十二日、仮祝言に臨む。翌日上京。夏休み以降、卒業するまで、従姉・千代子と上野高女の教頭・佐藤政太郎宅に寄宿する。十一月、末松家に入籍される。

一九一二（明治四十五）年　十七歳　上野高女卒業（第五回生）。翌日、辻と上野公園竹の台陳列館に青木繁遺作展に行き、初めて抱擁される。その夜、代一家と帰郷。福太郎との結婚を嫌って婚家での九日目に出奔、叔母・坂口モト（亀吉の次妹）や友人の家を泊まり歩く。相談の手紙を送った西原からの為替で上京し、辻潤に身の振り方を相談。ひとまず佐藤教頭に預けられるが、間もなく辻の家（巣鴨町上駒込）に同棲する。辻の母・美津《みつ》と妹・恒《つね》も同居。辻は四月末、上野高女を辞職する。

五月頃、辻に勧められ、平塚らいてうに手紙を出し、訪ねる。七月末、末松家との問題を解決しようと帰郷するが不調。らいてうに旅費を無心し、十一月帰京。後に父から解決したとの手紙を受け取る。

十月、『青鞜』十月号（二巻十号）に社員として初めて名前が載る。

十一月、『青鞜』十一月号に詩「東の渚」を発表。編集を手伝うようになる。

青鞜社研究会が週二回開かれ、生田長江（モーパッサンの短篇）、高村光太郎、阿部次郎（ダンテの神曲）などの講義を聞く。

十二月、新年号の校正後、メイゾン鴻の巣での青鞜社忘年会に出席。出席者は、平塚らいてう、尾竹紅吉、小林哥津、岩野清子、荒木郁、西村陽吉。

一九一三（大正二）年　十八歳

一月、「新しき女の道」を『青鞜』一月号付録に発表。尾竹紅吉宅で新年会の案内状を書く。紅吉、神近市子、小林哥津が参加。一同で尾竹越堂と朝倉文夫の座談に加わる。野枝は貧乏のため新年会に参加せず。

年初から四月初旬まで、辻と二人で芝区片門前（現・港区大門付近）のある家の二階を借りて住む。

二月十一日、末松福太郎との協議離婚が成立。

十五日、青鞜社講演会が神田美土代町の基督教青年会館で行われ、「最近の感想」と題して、初めて講演する。

五月、巣鴨町上駒込三二九番地に移転。やがて隣家の野上弥生子と親しく行き来する。

六月十三日、作家・木村荘太からの手紙を受け取り面会。その後、文通をし、木村から愛を告白され一時動揺するが、七月二日、辻と二人で木村を訪問して幕となる。この恋愛事件を野枝は「動揺」、木村は「牽引」として小説化し、それぞれ『青鞜』、『生活』の八月号に発表。

九月、『青鞜』九月号にエマ・ゴールドマンの「婦人解放の悲劇」掲載。

二十日、上駒込の自宅で長男・一《まこと》（〜一九七五年）を出産。


一九一四（大正三）年　十九歳　一月、『青鞜』の新年会が荒木郁宅で開かれ、出席する。出席者はらいてう、保持研子《やすもちよしこ》、荒木郁。

三月、『婦人解放の悲劇』（エマ・ゴールドマン、エレン・ケイの訳）を東雲堂書店から出版。

大杉栄が『近代思想』五月号で紹介、称賛する。

六月、平塚らいてうと奥村博史が近所に越してきて、一時共同炊事を引き受ける。

七〜八月ころ、小石川区竹早町八二番地に転居。

八月、伊藤野枝子訳『ウォーレン夫人の職業』（青年学芸社）を出版。

九月、平塚らいてう宅で開かれた相対会・小倉清三郎と青鞜同人の会に辻とともに出席する。

九月ころ、渡辺政太郎の案内で大杉栄が自宅に来訪、初めて面会する。

九月末ころ、野上弥生子が郷里の大分に帰郷した留守宅を預かり住む（十月中旬まで）。

十月、らいてうが奥村博史と千葉県御宿町へ籠るため、『青鞜』の編集を引き受ける。

十一月、御宿にいるらいてうに、『青鞜』の編集を委ねてほしいと手紙を出し、上京したらいてうと話して引き継ぐこととする。

発禁になった大杉らの月刊『平民新聞』（第三号）隠匿に協力。『青鞜』十二月号の「雑感」で大杉らの活動を擁護する。

一九一五（大正四）年　二十歳

一月、『青鞜』第五巻第一号（一月号）より編集兼発行人となる。

大杉が『平民新聞』を隠してくれたお礼に、クロポトキン『麺麭《パン》の略取』を土産に来訪。

その後、ローザ・ルクセンブルクの写真入り絵はがきを受け取る。

渡辺政太郎夫妻から谷中村問題の話を聞き、それについて大杉に長文の手紙を送る。

一～二月頃、山田嘉吉が自宅で行う社会学勉強会に毎週二回、赤ん坊の一《まこと》を負って出席。

二月、小石川区竹早町から、同区指ヶ谷町九二に転居。

十日ころと二十日ころ、辻潤在宅中に大杉が来訪。『平民新聞』第六号のため『青鞜』の印刷所を紹介する。

生田花世「食べることと貞操と」（『反響』一四年九月号）から始まった『貞操論争』に加わって「貞操に就いての雑感」（『青鞜』二月号）を発表。

四月、神田・青年会館で開催された新真婦人会主催「婦人問題大講演会」に出席。

このころ、上野高女の同窓会が、佐藤・西原の退職問題にからんで開かれ、出席する。

五月ころ、辻が野枝の従妹と関係を持ったことを知り、別居を申し出る。

六月、「堕胎論争」に関して、「私信　野上弥生子様へ」を『青鞜』六月号に発表。

七月、野依秀市（実業之世界社社長）と対談。『女の世界』八月号に掲載。辻潤との婚姻届を小石川区役所に提出。一を連れ、夫とともに今宿へ帰省。

十一月四日、今宿で次男流二を出産。十二月上旬、自宅へ帰る。

十二月、「傲慢狭量にして不徹底なる日本婦人の公共事業に就て」を『青鞜』十二月号に発表。以後、青山菊栄との間で「売春論争」。


一九一六（大正五）年　二十一歳　一月三日、「雑音——『青鞜』の周囲の人々〈新しい女〉の内部生活」を『大阪毎日新聞』に連載開始（～四月十七日）。

大杉が青山菊栄を連れて来訪、紹介する。

二月、『青鞜』第六巻第二号発行。『青鞜』はこの号をもって終刊となる。

金策のため大阪の叔父・代準介宅に行く。

夜の日比谷公園で大杉栄と初めての自由な逢引き。

宮嶋資夫《すけお》宅で神近市子と同席し、大杉と自由恋愛の三条件について会談。

四月下旬、野上弥生子を二回訪問し、辻と離別、大杉とのことを相談。

辻と別れ、流二を抱いて神田三崎町の旅館・玉名館に数日滞在。御宿へ行き、上野屋旅館に滞在。大杉との手紙の交換が始まる。新聞・雑誌から非難を浴びる。

六月、『女の世界』に「申訳丈けに」が掲載されるが、同号は発禁になる。依頼された大阪毎日への寄稿は返される。

流二を大原町根方の若松家に里子に出し、東京に戻って大杉の下宿に同居する。

七月中旬、金策のため大阪へ。叔父・代準介宅に数日滞在。

下旬、大杉と横浜へ、在住の同志数人と会う。

八月下旬、金策のため再度、大阪の代準介宅へ。次いで九月、福岡へ。代の紹介状により頭山満を訪ねるが、今は金がないからと、杉山茂丸への紹介状を渡される。帰京後、杉山を訪ねると、大杉に会いたいという。

宮嶋資夫と上野寛永寺に辻潤を訪ねる。

十月、大杉と巣鴨の岩野泡鳴を訪ねる。本郷区菊坂町の菊富士ホテルに大杉とともに移る。尾行がつくようになる（特別要視察人甲号に編入）。

十一月、五十里《いそり》幸太郎が来訪、大杉の面前で野枝を殴る。

五日、新婚の山川均・菊栄夫妻宅へ大杉と祝福訪問。

六日、大杉と茅ヶ崎の平塚らいてうを訪問し、葉山・日蔭茶屋に泊まる。翌日、神近市子が来訪。三人床を並べて寝る。八日、朝食後、帰京。深夜、神近が短刀で大杉の喉を刺す（日蔭茶屋事件）。九日、知らせを受けて、千葉病院に駆け付け、看護する。十日、大杉を見舞いに来た宮嶋資夫から殴打される。二十一日、大杉が退院し、菊富士ホテルに帰る。

十二月、大杉と旧谷中村を訪問、残留民に会う。古河町に一泊。

大杉と保子との離婚が正式に決まる。


一九一七（大正六）年　二十二歳　三月、菊富士ホテルを出て、同じ菊坂の下宿に移転する。四月、大杉と高井戸の江渡狄嶺を訪ねる。六月ころ、大杉と生田春月を訪ねる。

七月、巣鴨村宮中に転居。

九月、辻と協議離婚が成立、伊藤家へ復籍。辻との離婚の経緯を書いた「自由意志による結婚の破滅」を発表（『婦人公論』九月号）。

長女・魔子（〜一九六八年）出産。

十二月二十九日、亀戸町に移転。三十一日、大杉と山川均宅を訪れ、正月を迎える。


一九一八（大正七）年　二十三歳　一月、『文明批評』第一号を発刊。編集兼発行人・大杉、印刷人・野枝と二人だけの新たな出発。小説「転機」のほか「彼女の真実——中條百合子を論ず」「妙なお客様」を発表。和田久太郎、久板卯之助が同居する。

二月、『文明批評』第二号を発行。「間抜けな比喩」「階級的反感」を発表。この後、第三号は発禁、全部が押収され廃刊とする。同志例会を労働運動研究会として発会。

三月二日、大杉と同志三人が職務執行妨害で日本堤署に勾留。四日、東京監獄に収監され、二〜六日の連日、面会に行く。九日、内相・後藤新平に抗議の書簡を送る。

五月、同居の和田・久板を大杉とともに支援して『労働新聞』第一号を発行。

六月下旬、保養を兼ね金策のため、郷里の今宿へ発つ。大杉は七月中旬、今宿着。八月六日、大杉とともに今宿を発ち、門司泊。八日、門司港から船で神戸へ。大阪梅田の旅館に泊まり、十日、大杉と大阪毎日の和気に会い、旅館に大阪の同志数名を招いての歓談に加わる。十一日、大杉と別れ、出立。十二日、帰京。

七月、亀戸から滝野川町田端に引っ越す。

八月、同志集会の「米騒動記念茶話会」に出席し、大杉の大阪での米騒動目撃談を聞く。

十二月、米国在住の大杉の妹・あやめが一時帰国し、同居する（翌年十月まで）。

一九一九（大正八）年　二十四歳

一月、労働運動研究会と北風会が合同し、以後、大杉が主宰する北風会として、毎月一日と十五日に会合する。

自宅が隣接工場の出火のため全焼。滝野川町に移住後、四月、千葉県東葛飾郡葛飾村（現・船橋市本中山）に移転。

五月、黒瀬春吉主催の労働同盟会大会に大杉ら同志とともに参加。演説会もらいの活動。大杉と浅草・観音劇場で文士劇を観る。

六月　本郷区駒込曙町に転居。この頃、体調が回復せず、三田の奥山医師のもとに通院する。

七月十五日、大杉ら同志が日本労働連合大会で錦町署に検束されたのに差入れ。十七日も川崎屋での各派合同・労働問題演説会で勾留された築地署にパンや桃を差入れ、翌日は警視庁へ赴く。十九日は詐欺罪容疑で大杉が警視庁に検束され、面会に行く。この時の経験を

「拘禁される日の前後」（『新小説』九月号）として発表。

八月、東京区裁判所で大杉の巡査殴打事件の公判を傍聴する。

大杉らと横浜へ行き、吉田只次宅に泊。翌日、京浜地区同志による大杉出獄慰安会に出席。

本牧の三渓園を散策して帰京。

九月、二科展の「出獄の日のＯ氏」（林倭衛《しずえ》作）が撤去された問題で大杉と上野の会場に行く。

十月、月刊『労働運動』創刊号を発行。社員は大杉、野枝のほか同志四名。婦人欄を担当。

本所区業平小学校で開催された友愛会婦人部の婦人労働者大会に、来賓として出席。『労働運動』第二号に取材記事を書く。

東京地裁で吉田一の電気窃盗事件・控訴審公判を大杉ほか同志と傍聴する。

十一月、神田錦町の松本亭にストライキ中の三秀舎印刷女工を訪ね、取材。翌日の同志例会で報告。『労働運動』第三号に記事を執筆。

十二月、大杉の巡査殴打事件が大審院判決により懲役三ヶ月と確定。豊多摩監獄に収監される。

二十四日、二女・エマ（のち幸子、～二〇〇三）を出産。


一九二〇（大正九）年　二十五歳　一月、『労働運動』第三号発刊。「婦人労働者の罷工」ほか記事二篇を執筆、掲載。

吉田一が出獄し、しばらく滞在。後に彼をモデルに「或る男の堕落」を書く。

二月、『労働運動』第四号発刊。婦人欄二ページを担当、「争議二件」ほか記事四篇を執筆。

大杉との面会に豊多摩監獄へ行く。

三月、大杉の出獄を同志とともに迎えに行く。

二十八日、『労働運動』発行の慰労と大杉の出獄祝いを兼ねて、自宅で小宴を開き、手料理をふるまう。

四月、『労働運動』第五号発刊。「独逸《ドイツ》労働者の奮闘」ほか二篇の記事を執筆、掲載。鎌倉町へ転居。

五月、大杉との共著『乞食の名誉』を出版（聚英閣）。

七月、山川均・菊栄夫妻の帰京歓迎会に大杉と出席する。

中国にいる大杉の弟・伸《のぶる》と妹・松枝が来訪。二女のエマが松枝の養女となり、引き取られる。

八月、山崎今朝弥《けさや》主催の平民大学夏期講習会（十日目）を自宅で開催。

十月、大杉がコミンテルンの極東社会主義者会議に出席するため、上海へ密航（十一月二十九日に帰国）。

十一月、大杉栄著『クロポトキン研究』（アルス）出版。野枝の文章二篇を収載。

十二月、横浜地区の同志集会に大杉と出席。石川三四郎が講演。

日本社会主義同盟大会に出席する地方同志歓迎会を自宅で開く。

この年（五月以降）ミシンを買って洋裁を始める。

一九二一（大正一〇）年　二十六歳　一月、アナボル共同の第二次『労働運動』発刊準備の編集会議に同席。

二月、魔子を連れ、大杉、和田久太郎と、鎌倉から馬車で金沢八景へ遊びに行く。大杉が肺患の憎悪で重篤となり、築地の聖路加病院に入院。十八日から泊まりこんで看病する（三月二十八日退院）。

三月、大杉栄著『悪戯』をアルスから出版。野枝の作品六篇を収録。

三女エマ（のち笑子、〜二〇一二年）を出産。

四月、社会主義婦人団体・赤瀾会創立。山川菊栄とともに顧問格として参加。

五月ころ、黒飄会の集会に出席する。

六月、赤瀾会の婦人問題講演会が神田・青年会館で催され、「婦人問題の難関」と題して講演。コスモ倶楽部が中国人留学生を対象に開催した講演会で演述。

六月ころ、小田原の加藤一夫宅を大杉とともに魔子、一《まこと》を連れて訪問。

七月、大杉が自叙伝執筆のため新発田《しばた》へ行くのに魔子と同伴する。瀬波《せなみ》温泉に泊。磐越線から常磐線経由で帰る。

赤瀾会夏期講習会で「職業婦人に就て」と題し講演。翌日は大杉の講演に出席。

バートランド・ラッセルの帰国を、横浜港で見送る。同勢は彼を招聘した改造社・山本実彦社長や大杉ら二十余名。翌日、ラッセルの通訳をしたコズロフが来訪、三、四日滞在する。

八月ころ、東京監獄の近藤憲二と典獄室で面会。近藤は九月に出獄し、十一月初めまで滞在。

九月、警視庁特高課より、堺真柄、仲宗根貞代とともに聴取を受ける。「お目出度誌事件」で赤瀾会の関与が疑われた。

四谷伊賀町の無産社で開かれた赤瀾会の相談会に出席。出席者は堺真柄など十名余。

十一月、仙台の講演会で検束された大杉を迎えに、魔子を連れ、鎌倉を発つ。

逗子町逗子に転居。

十二月、第三次『労働運動』第一号を発刊。同人は大杉と野枝、近藤憲二、和田久太郎の四人。「無政府の事実（一～六）」を発表。


一九二二（大正十一）年　二十七歳　二月、『労働運動』第二号に「無政府の事実（七～十一）」を掲載。

三月、第三号「久板君の追悼」特集に「決死の尾行」を発表。

六月、大杉との共著『二人の革命家』（アルス）を出版。「エマ・ゴールドマン其他」を収載。

七日、四女・ルイズ（～一九九六）を出産。

神田青年会館の「対露非干渉大演説会」に大杉と参加する。

七月、追放命令がでたコズロフ一家に別れを告げるため、大杉と神戸に行く。

十月、駒込片町の労働運動社に移住。（大杉と離れて勉強するため）エマとルイズを連れて、福岡・今宿に帰郷。十一月、大杉が国際アナキスト大会に参加するので帰京。

十二月、大杉は日本脱出、上海を経て、フランスへ向かう。


一九二三（大正十二）年　二十八歳　一月、山鹿泰治の妻の産後の世話をする。

二月、『労働運動』第十一号発刊。「日本機械技工組合の内紛」「恐くないロシア」「行衛不明」の記事を執筆。三月、第十二号発刊。一面トップの論説「社会主義者の堕落」を執筆。

四月、第十三号発刊。巻頭の論説「失業防止の形式的運動に対する一見解」のほか時事短評「お花見眼鏡」を発表。

五月、山本虎三、平林たい子が労働運動社を取材に来訪、応対する。

六月、米国から帰国したあやめを、魔子と横浜港で迎える。

七月、『労働運動』第十五号発刊。「権力憧憬の野心家の群」、「梅雨の世相」（時事短評）を執筆。

九日、フランスから帰国する大杉を迎えるため、神戸の旅館「松月」に泊。十日、安谷寛一と京都の続木を訪ね借金。十一日、大杉が神戸港に帰国。翌日、神戸を発ち、駒込に帰る。

大杉と茅ヶ崎の南湖院に元『改造』の編集者・横関愛造を見舞う。

大杉と山崎今朝弥を訪問し、帰国報告。

大杉の帰国歓迎会が銀座・パウリスタで開かれ、二人で出席する。

翌日、安成二郎の案内で貸家を探し、淀橋の家に決める。

八月、大杉との共訳でファブル『科学の不思議』（アルス）刊行。まことに贈る。

五日、淀橋町柏木三七一番地に移転。翌日、近隣の内田魯庵宅を一家で訪問。

九日、長男・ネストル（〜一九二四年）を出産。

十六日、叔母モトが今宿からエマを連れて帰り、同居する。

二十三日ころ、安成二郎の妻を慶応病院に見舞う。

九月一日、関東大震災に遭うが被害は少なく、近所に避難する。

十五日、横浜にいる大杉の弟・勇《いさむ》から避難して無事との手紙。翌日に見舞うため、足助素《あすけ》一を訪ねて借金する。

十六日、大杉と鶴見に避難している勇を見舞う。勇が預かっている甥の橘宗一《むねかず》（あやめの子、六歳）を連れて帰宅途中、自宅近くにて憲兵大尉甘粕正彦らに東京憲兵隊本部に拘引され、三人とも殺害される。

二十四日、陸軍省が「甘粕憲兵大尉が大杉栄外《ほか》一名を致死」と発表。二十七日、遺体は落合火葬場で荼毘に付され、骨上げ。夜、自宅で告別の式を行う。

十月八日、事件の報道が解禁になり、「外二名」は伊藤野枝と橘宗一と発表される。この日、甘粕ら実行隊員の軍法会議第一回公判。

十六日、今宿村の松林で仏式による三人の葬儀が行われる。

十一月二十五日、伊藤野枝の追悼会が野上弥生子宅で、『青鞜』旧同人によって営まれる。

この月、『婦人公論』『女性改造』が追悼特集を組む。

十二月八日、軍法会議が判決。甘粕は懲役十年、曹長森慶次郎は懲役三年、上等兵の平井利一、鴨志田安五郎、本多重雄は無罪となる。

十六日、谷中斎場で三人の葬儀が営まれる。準備委員は自由連合派労働団体と無政府主義思想団体の代表二十四人、約七百人が参列した。

一九二四（大正十三）年　三月、第四次『労働運動』第二号「大杉栄・伊藤野枝・追悼号」を発行。五月、静岡市共同墓地（現・沓谷霊園）に三人の遺骨を埋葬する。八月、今宿の松原に三人の無銘の墓を建立。墓石は五トンもある自然石。

＊作成にあたっては、河原彩「伊藤野枝年譜」（『伊藤野枝全集』第四巻、學藝書林、二〇〇〇年）、大杉豊『日録・大杉栄伝』（社会評論社、二〇〇九年）を参考にした。

大杉　豊・編

解　説

本書は伊藤野枝の短い生涯、二十八年八ヶ月の後半生を、残された手紙によって伝える生の声である。『青鞜』の編集をした一九一三（大正二）年から二三（大正十二）年、軍隊に虐殺されるまでの十年。女性解放を目指した青鞜社での活動と大杉栄の社会運動に共同する活動に奮闘し、多くの著作を残し、七人の子を生み、多彩、波乱の生涯であった。手紙は、いくつものドラマとして、それを伝えている。木村荘太との「動揺」恋愛事件、平塚らいてうとの『青鞜』譲渡劇、辻潤との離婚、大杉栄を巡って多角の恋愛事件、大杉への獄中見舞い、大杉の日本脱出と関東大震災等である。遭遇した事件、事態をどのように受け止め、いかに身を処したか、人とどう結ばれたか、率直に語っている。

とくに大杉栄への継続する手紙――恋愛に至る序章（大杉栄「死灰の中から」）から、滞在先での十七通のラブレターを経て、獄中見舞いの五通まで

――は、内面の結び合いが深まり、持続してゆく過程を示す一つの典型といえよう。

「恋愛」以前の胸中に、「恋らしい感情が兆した」のは、野枝の手紙（一五年一月）が示す「実感のセンチメンタリズム」への感激であったと大杉は言う。恋の言葉というよりは、志の言葉、社会の不条理に向かう真情の言葉に心を動かされたのだ。そしてまた、「S雑誌（青鞜）を送りますときには（平民）新聞を少し入れてやろうと思います」という行為の言葉も添えられていた。

やがて恋は成り、野枝は御宿《おんじゅく》に滞在して、大杉と熱烈な恋文を交わすのだが、甘えたり、すねたりしつつも、多角恋愛の中での位置に悩みながらの確かめ。スキャンダラスな報道や金銭の逼迫、子どもの預け先など苦境にも揺るがない情熱であった。同志らしい愛も次のように送った。

「こないだあなたに云いましたね。あなたの御本だけは持って出ましたって。今日は朝から夢中になって読みました。そして、これがちょうど三、四回目位です。それでいて、何だか始めて読んだらしい気がします」

三年後、勾留中の大杉に送る手紙（一九年八月）には、「生活の深味」への歩み、運動への意志を表明して、やはり志の言葉を込めている。

「私達の生活がとにかく人間の生活の本当の深味へ一歩一歩踏みこんで来た

という事は、どこまでも事実ですわね。私達はこれでほんの一寸《ちょっと》でも立ち止まってはならないのですね。私達の生涯が、どんなに長かろうと短かかろうと、その最後まで両足を揃えて立ち止まっていてはならないのですね」

大杉がかつて野枝に見出した社会改革家の精神を、保持し伴走する意志がみえる。

真摯、健気な姿勢は、著作の「感想」や創作にも表れる特徴で、辻潤も惹かれた資質であったにちがいない。次の文は、辻との暮らしの一情景だが、いじらしくも闘志を感じるような頑張りである（代準介宛、一六年）。

「私が青鞜の編輯《へんしゅう》をしてとる、十円ばかりの金のほかには何の収入もなくって僅かな書物まで売りつくして四ヶ月というもの、パンで生活したような、みじめなことさえありました。けれども、私たちはそれでも決して失望するようなことはなくて一生懸命に勉強し励まし合いました」

前と重なるが、大杉に送った殊勝な「健気」をもう一例。

「あんなに、あなたのお書きになったものは貪るように読んでいたくせに、本当はちっとも解っていなかったのだなんて思いますと、何だかあなたに合わせる顔もない気がします。けれども、それは本当の事なんですもの。それをとがめはなさらないでしょうね。今は本当に分ったのですもの」

頑張りの元は目当てのことに向かう情熱、そして気丈さであろう。気の強さは運動における不屈の精神となった。次の書簡では、そうして闘う野枝の真骨頂が発揮されている（内務大臣・後藤新平宛、一八年）。

「私の尾行巡査はあなたの門の前に震える、そしてあなたは私に会うのを恐れる。一寸《ちょつと》皮肉ですね。／ねえ、私は今年二十四になったんですから、あなたの娘さんくらいの年でしょう？／でもあなたよりは私の方がずっと強味をもっています。……あなたは一国の為政者でも私よりは弱い」

そして「二、三日うちに、あなたの面会時間を見てゆきます」とする行動力を伴っている。

気性とは別に、もう一つの流儀は、物事を生地のままに伝える写実性である。「動揺」に、木村荘太との恋愛事件を「全部偽らずに欺かずに」「事実の報告」として書いたように、実録の作風が作品にも、書簡にも通底している。『労働運動』記者となった活動にも、それは生きた。次は自分を書いた手紙の一節である（大杉栄宛、二〇年）。

「お産婆さんは二人とも、私のおなかの上につっぷして眠ってばかりいるのです。……痛んで来るごとに、私は眼をつぶっては頭の中一ぱいにあなたの顔を見つめて、じっと自分の胸を抱いては苦しみを忍んでいました。すると二度ばかり不意にひどい痛みが来ました。本当に目がくらむようでした。すると、三度目に子供は出たのです」

収集しえた全ての手紙を収録したが、大杉栄宛が長期の経過を伝えているほかは、様々な局面に対応した手紙である。いずれも丁寧で、行きとどき、同志や友人・身内とのほのぼのとした関係が感じられる。

本書に収めた後半生より以前の手紙として知られているものに、㈠小学校を卒業後、東京の従姉が高等女学校へ行くのを知って、自分も行かせてほしいと叔父・代準介に何度も懇願した手紙、㈡辻潤との往復書簡、㈢青鞜社に入る前に平塚らいてうに宛てた手紙などがある。㈠と㈢は内容をおよそ想像できるが㈡は、「大きい二つの袋」いっぱいにつめて保管し、辻も野枝も時々にそれを持ち出して読んだと、「動揺」に出て来る手紙だ。残っていれば、辻潤と結ばれる過程を見ることができ、また木村荘太、大杉栄とならんで三人に宛てたラブレターが揃って、興味深いのだが、残念ながら、ない。

辻は放浪生活を送るようになっても、野枝の手紙を大事に保有し、晩年、自分の原稿とともに小さな柳行李に入れて、石井漠夫人に預けた。ところが、辻の死去より半年後の一九四五年五月、自由が丘にあった石井漠スタジオは、米軍のＢ29爆撃により全焼、小さな柳行李も灰になってしまったのである。辻の手紙は野枝の著作（「出奔」）に記述があり、一部をみられるが、野枝の手紙は再現しようがない。

他方、大杉栄との「恋の往復」は、葉山・日蔭茶屋事件の際に、神近市子への裁判の参考として横浜地方裁判所に押収され、悉《ことごと》くの封筒に「押収第何号」の札が貼られて、後に返された。大杉が著作用にと保存したのが、関東大震災を免れ、『大杉栄全集』に収録されて残った。こちらは全容を再現でき、野枝の生き生きとした話し声が聞こえるようである。

大杉　豊

大杉　豊〈おおすぎ・ゆたか〉
一九三九年、横浜市生まれ。大杉栄が殺された当日に訪ねた弟が父。そこで生まれた。東京都立大学社会学科卒。東京放送（ＴＢＳ）入社、調査・営業・編成部門を経て定年退職。東放学園専門学校・常磐大学国際学部講師。『日録・大杉栄伝』（社会評論社）ほか著作多数。

伊藤野枝の手紙

二〇一九年四月二〇日　初版印刷
二〇一九年五月一〇日　初版発行

著　伊藤野枝
編・解説　大杉　豊

印刷　日本ハイコム
製本　加藤製本
発行　土曜社
東京都渋谷区猿楽町
一一－二〇－三〇一

西暦	著者	書名	本体
1933	フィッシャー	スタンプ紙幣	近刊
1939	モーロワ	私の生活技術	795
	大川周明	日本二千六百年史	952
1942	大川周明	米英東亜侵略史	795
1952	坂口安吾	安吾史譚	795
1953	坂口安吾	信長	895
1955	坂口安吾	真書太閤記	714
1959	トリュフォー	大人は判ってくれない	近刊
1960	ベトガー	熱意は通ず	1,500
1964	ハスキンス	Cowboy Kate & Other Stories	2,381
	ハスキンス	Cowboy Kate & Other Stories（原書）	79,800
	ヘミングウェイ	移動祝祭日	714
1965	オリヴァー	ブルースと話し込む	1,850
1969	オリヴァー	ブルースの歴史	近刊
1972	ハスキンス	Haskins Posters（原書）	39,800
1991	岡崎久彦	繁栄と衰退と	1,850
2001	ボーデイン	キッチン・コンフィデンシャル	1,850
2002	ボーデイン	クックズ・ツアー	1,850
2012	アルタ・タバカ	リガ案内	1,991
	坂口恭平	Practice for a Revolution	1,500
	ソロスほか	混乱の本質	952
	坂口恭平	Build Your Own Independent Nation	1,100
2013	黒田東彦ほか	世界は考える	1,900
	ブレマーほか	新アジア地政学	1,700
2014	安倍晋三ほか	世界論	1,199
	坂口恭平	坂口恭平のぼうけん　一	952
	meme（ミーム）	3着の日記	1,870
2015	ソロスほか	秩序の喪失	1,850
	防衛省防衛研究所	東アジア戦略概観2015	1,285
	坂口恭平	新しい花	1,500
2016	ソロスほか	安定とその敵	952
年二回	ツバメノート	A4手帳	999

土曜社の刊行物

全65点，成立年順，2019年4月

西暦	著者	書名	本体
1713	貝原益軒	養生訓	895
1791	フランクリン	フランクリン自伝	1,850
1897	勝海舟	氷川清話	895
1904	岡倉天心	日本の目覚め	714
1906	岡倉天心	茶の本	595
1914	マヤコフスキー	悲劇ヴラジーミル・マヤコフスキー	952
1915	マヤコフスキー	ズボンをはいた雲	952
1916	マヤコフスキー	背骨のフルート	952
	マヤコフスキー	戦争と世界	952
1917	マヤコフスキー	人間	952
	マヤコフスキー	ミステリヤ・ブッフ	952
1919	大杉栄	獄中記	952
1920	マヤコフスキー	一五〇〇〇〇〇〇〇	952
1922	マヤコフスキー	ぼくは愛する	952
	マヤコフスキー	第五インターナショナル	952
	大川周明	復興亜細亜の諸問題　上・下	各495
1923	頭山満	頭山翁清話	近刊
	大杉栄	日本脱出記	952
	大杉栄	自叙伝	952
	大杉栄	大杉栄書簡集	1,850
	伊藤野枝	伊藤野枝の手紙	1,850
	山川均ほか	大杉栄追想	952
	大杉栄	My Escapes from Japan（日本脱出記）	2,350
	マヤコフスキー	声のために（ファクシミリ版）	2,850
	マヤコフスキー	これについて	952
1924	マヤコフスキー	ヴラジーミル・イリイチ・レーニン	952
1925	頭山満	大西郷遺訓	795
1927	マヤコフスキー	とてもいい！	952
1928	マヤコフスキー	南京虫	952
	マヤコフスキー	私自身	952
1929	マヤコフスキー	風呂	952
1930	永瀬牙之輔	すし通	795